復刻版
行動建築論
メタボリズムの美学

黒川紀章

彰国社

装幀■ミルキィ・イソベ

復刻版によせて

このたび父黒川紀章の旧著である本書が復刊されるはこびとなり、誠に喜ばしく思います。

本書について父は、前後して書かれた『都市デザイン』（紀伊国屋新書）と『ホモ・モーベンス』（中公新書）という著作を合わせた三冊が「メタボリストとしての考えのみならず、僕の生涯にわたる思想を述べた大事な三部作」と生前、語っておりました。

本書が発刊された一九六七年、当時の父は、既に事務所を設立していたものの、実際の建築を設計した実績が未だ乏しく、むしろメディア（テレビ、雑誌、新聞など）で、自らの思想を語る機会が多かったようです。本書はこの時期に、実作に展開したい自らの思いをつづった文章群であると思います。

本書の題名の由来は「Action Architecture」という概念です。静的な建築観に対し、建築は本来、動くものであるとし、成長し、発展し、変化するという異論を唱えています。

それはメタボリズムの手法論であると同時に、「行動する建築家」として、自らの存在を表現したのではないかと私には思われます。

つまりアトリエの奥深くで創作にふけるだけでなく、広く社会へ出て、他分野でも積極的に発言し、行動する建築家像が念頭にあったのではないでしょうか。

タイトルの通り、その後、父は政界や経済界への提言、マスコミ出演、果てはテレビＣＭまで、まさに従来の「静的な建築家像」を打ち破る「Action Architect ＝行動する建築家」としての活動（Activity）を展開していきました。

本書が発刊された一九六七年は、高度経済成長が継続している時代でもあります。都市化の波は地方にまで及び、日本の景観も大きく変化していく過程にあり、後年のバブルにつながる都市の高密度開発は既に始まっていたと思われます。

本書の中に「建築は不動産ではなく、動産である」という主張がありますが、当時から顕著になりつつあった、建築を投機の対象＝不動産としてとらえるコマーシャリズムに対して、父は、そうではないと説いています。実はこの視点は、晩年まで一貫して持ち続けておりました。

父の亡くなった二〇〇七年当時、ドバイやモスクワ、上海などで猛烈な不動産バブルが起きており、それは翌年のリーマンショックまで続きます。当時、ロシアでプロジェクトを持っていた父は、同国に計画中の「世界有数の高さを持つ超高層ビル」に対してこう述べたそうです。「このような建築のあり方は間違っている。建築は不動産投機の対象ではない。利益や規模のみを競うような開発はやがて時代の審判にあう」。この言葉に関係者は慌てたと聞いています。

また、建築を「ハコモノ」と呼ぶことを極端に嫌い、そう呼ぶ人に「建築の価値を貶める蔑称だ」と叫んでいました。それは本書で述べた持論を最後まで貫いた父なりの「行動」であったと思ってよいでしょう。

また、これも晩年のことですが、ある評論家との対談で「私の建築はなくなっても、私の思想は残る」と語っています。本人にとって「建築家」としての作品は消えたとしても、「思想家」として自らの著作が残っていくことが理想だったようです。その意味で、本書が四四年の時を経てよみがえるのは、何よりの果報であると強く思います。

果たして父が本書で提起した主張が、二一世紀の読者を照射する機会になり得るのでしょうか？泉下にあって、見つめる父の顔が浮かぶ気がしています。

本書の復刊における関係者のご尽力に対し、かさねて感謝いたします。

二〇一一年六月二日

黒川紀章建築都市設計事務所　代表取締役

黒川未来夫

復刻版　行動建築論　メタボリズムの美学——目次

復刻版によせて 3

第一章 新陳代謝する建築 11
〝動く建築〟の設計 12
これからの住まい 16
量産設計方法論 27

第二章 運動の建築 41
道の建築 42
街路空間の構成 51

第三章 メタボリズムの方法 67
メタボリズムの方法論(その一) 68
メタボリズムの方法論(その二) 95
メタボリック・スペースの意味 120

メタボリズムの美学 132
かたちの論理 153

第四章 現代建築と都市 173

現代の状況 174
出会いの時代へ 204
都市設計の方法 228
都市設計の技術 263

あとがき 300

スケッチ

志賀邸平面構成スケッチ 38
丸の内再開発計画スケッチ 66
寒河江市役所断面スケッチ 172

こどもの国セントラルロッジ平面構成スケッチ 172
胎内化計画のスケッチ 299

写真・図版

日東食品本社工場 21・22
箱型プレハブアパート 39・40
西陣労働センター 57・58
小田急・奥蓼科観光開発計画 75
山形ハワイドリームランド 76
愛知県伊良湖国民休暇村 109・110
こどもの国セントラルロッジ 143・144
こどもの国アンデルセン記念館 161
こどもの国フラワーシェルター 162
東京計画一九六一 243
メタモルフォーゼ計画一九六五 243
愛知県・菱野ニュータウン基本計画 244
農村都市計画 261
東京計画一九六一 Helix計画 262

第一章　新陳代謝する建築

〃動く建築〃の設計

〈動く芸術〉

一九六一年のはじめ、イタリアの「動く芸術」がわが国に紹介されて話題を呼んだことがある。これは彫刻や絵の一部分が動くようになっていて、それを動かしながら鑑賞するというものだった。芸術の中に動きを導入しようという意図は、二〇世紀にはいってから、未来派・ダダ・構成主義にもみられるが、鑑賞者が最終的な作品のかたちを決めるという意味で「動く芸術」は大変興味深い問題を提起しているように思えた。

今から五年前、パリの空中都市を提案しているフランスの建築家ヨナ・フリードマンを中心に「動く建築研究グループ」が結成された。このメンバーの一人であるポーランドの建築家ハンセンは、展覧会場のための動く建築を設計している。これは床や間仕切り壁が自由に動かせるようになっており、そのつど、要求に応じて適当な展示場がつくれるというものである。

つまり「動く建築」といっても、ここではトレーラー・ハウスのように走り出したり、回転住宅のように動くという意味ではなく、「激しく変化し、新陳代謝していく現代の社会に適応する建築」

という点から発想されたものである。「動く芸術」が最終的なかたちを鑑賞者にゆだねたのと同じように、動く建築も、最終的なかたちが現代の変化しやすい状況に応じやすいように考えられてゆくわけだ。

最終的なかたちを、建築家・室内デザイナーにまかせるか、あるいは自分でつくることのできる特殊な人は別として、全くのしろうとにゆだねる場合には、簡単に選択するだけですむような仕組みが与えられる必要があろう。そこで「動く建築」の研究ポイントも、いきおい基本的な骨組となる仕組みに集中することになる。

ハンセンは、柱・梁のない立体構造に、またヨナ・フリードマンも都市的な立体構造に、これを求めようとしているのである。「最終的なかたちを住む人の手にゆだねる」という考え方は、画一化されがちな集団生活の中に個性を表現しようという方向にも通ずる。

スウェーデンの建築家エルスキンの設計によって最近完成した公営のアパートは、あらかじめ工場でつくられたコンクリート製のバルコニーの骨組を準備し、それを住む人の意のままにとりつけるというものである。それぞれの家庭のせい一杯の個性の表現は、単調になりがちなアパート生活に豊かさを与えることだろう。

＜成長する建築＞

オランダのロッテルダムに住む建築家バケマは、アイントヘーフェンの住宅団地で、はじめから将来の増築を予定したテラス・ハウスを設計した。家族の増加や、収入の増加によって生ずる建築の成長をあらかじめ予定する例はきわめて少ない。ここにも、建築や都市を不動産として固定的に考えようとする先入観がひそんでいる。

さて、建築の成長を可能にするためには、あらかじめ敷地や空間に余地を残じておくことも必要だろうが、建築に、増築のための接合部分、つまり「成長のための節(ふし)」をつくっておくことが大切である。

「桂離宮が長い年代の間に増築を重ねてつくられたにもかかわらず、傑作だといわれるのは、雁行型に配置されたそれぞれの部屋が、サービス空間と廊下によってつながれる巧妙な成長のシステムをもっているからだ」と建築評論家の川添登氏が述べているように、成長する建築とは、いかに増築されようと、どの段階をとってみても、常に完結しているものである。

オランダのアムステルダムに住む建築家ヴァン・アイクは二年前に「子供の家」を設計した。彼は二種類の正方形の部屋の単位を決め、これを自由につないで魅力的な空間をつくってみせた。あるところでは、正方形の単位はいくつも集まって遊戯場をつくり、あるところでは庭の砂場が、正方形の単位の中まではいり込んで、子供たちがまるでジャングル・ジムで遊んでいるかのように楽しげに生活していた。この正方形の単位をつなぎたしていくことによって、「子供の家」は成長していくのである。

＜変化する建築＞

われわれの住んでいる住宅を分解して、材料の寿命を調べてみると、鉄筋コンクリートのように五〇年、六〇年という比較的長いものから、電気器具の四、五年というきわめて短いものまでが、混然と一体になっていることに気づく。まだ骨組はしっかりしていても、その骨組と一体につくられている設備が旧型で使いものにならず、こわされていくビルはかなりの数にのぼっているし、また骨組のコンクリートがこわれかかっているのに、窓ワクだけがまだしっかりしているという珍現象を見かけることもある。

建築とはいったん作ってしまうと、あと五〇年なり六〇年なり、そのまま使えるというものではなく、完成したときから変化しはじめるものである。そこで変化しやすい部分を、あらかじめとりかえやすいように考えておく必要がある。

変化するのは、建築を構成している材料そのものばかりでなく、建築の空間自身も、変化しやすい空間と、そうでない空間に分けられるはずである。

たとえば、住宅を例にとると、居間とか夫婦の寝室といった生活の場よりは、台所・便所・浴室とか、子供の勉強部屋といった空間はより一層変化しやすい部分といえる。現在わが国でも研究されているプレハブ建築（工場生産建築）は、もちろん大量生産によってコストを下げるという大きな利点をもっているが、その外に、この「変化する建築」としての特色も備えているわけである。つまり、部品が工場で前もって生産される以上、それぞれの変化の寿命を、あらかじめ考えに入れてつくることができるし、またそれぞれの生活の仕方や、それぞれの家庭の成長に従って部品を交換し、質を高めてゆけるからである。

これからの住まい

＜量産住宅＞

数年前モスクワの博覧会で、大型のヘリコプターが、コンクリートの箱状のユニットをつりさげて飛び、みるみるうちにそれを積みあげてアパートをつくりあげ、見守る人びとを驚かせたものだった。ソ連やフランスなどでは、このような工場生産方式によるプレハブ住宅が、かなり進歩している。このプレハブ住宅は、いま、わが国でもクローズ・アップされており、公営・公団住宅のプレハブも試作の域を出て、こんご一〇年以内には、公団住宅など中層アパートの八割はプレハブになると予想されている。

一方、年間の住宅建設量のうち半数以上は純民間資本であるということから、ここ一〇年以内に建設される約一、〇〇〇万戸の住宅のうち、五〇〇万戸は個人住宅とみてよかろう。金額にして、六兆円をくだらない。プレハブ住宅メーカーは、この膨大な住宅市場に目をつけて、いま売り込みにおおわらわというところだ。

しかし現在のプレハブ住宅は、まだ量産による〝ローコスト・ハウス〟の域をでていないものが多い。が、そもそも住宅は家族構成の変化によって成長や変化の必要のあるもの、だから部品化され、組み立てによる増改築のおとくいなプレハブ住宅は、「成長する住まい」として人気が出ることだろう。また現在、月産一〇〇戸前後の生産量が、五〇〇戸から一、〇〇〇戸になれば、プレハブ住宅も本格的に耐久消費財の仲間入りをする。

長い間、不動産と呼ばれていた建築も、動産になるわけだ。その時代には、四畳半ユニット、六畳ユニット、台所ユニット、便所ユニット、浴室ユニットというぐあいに、部屋ごとに買えるプレハブ住宅もあらわれるだろう。そして、最初は新婚家庭向きの六畳・台所・便所の三つのユニットを買い、翌年のボーナスで四畳半のユニットを買いたすわけだ。生活にゆとりがでてくれば、六畳ユニットを下取りに出して、デラックス仕様の八畳ユニットと取りかえるなどということもできるだろう。

台所ユニットも、オーブンつきとか、サラ洗い、ディスポーザーつきといった新製品が出るだろうから、四・五年たったら取りかえる。また今後、転勤・転職といった労働力の流動化が激しくなるにつれ、固定的な住まいはつくりにくくなるだろうが、プレハブ住宅なら、分解・再組み立てはお手のもの。人とともに家も動くのである。

住まいの質とは、大きさや見かけばかりではない。

生活に合わせて住まいをかえたり移動するという新しい生活様式が、プレハブ住宅の進歩によって可能になるわけだ。

〈セカンド・ハウス〉

ヨーロッパやアメリカを旅行すると、よく、小屋をひっぱって走っている自動車をみかける。これは、トレーラー・ハウスと呼ばれるもので、ごぞんじの方もあろうが、シャワールーム・小さなキッチン・便所・ベッドのついたコンパクトなレクリエーション用のけん引住宅である。

ところでわが国でも、最近週五日労働制が論じられているが、こんご一〇年以内には、週四日制もぼつぼつ現われることだろう。そうすると、いままで月曜から日曜日までを、ひとつのリズムとして生活してきたわれわれは、月曜から木曜日までの労働の〝週〟と、金曜から日曜日までのレクリエーションの〝週〟と、ふたつの〝週〟のリズムをもつことになる。

休みの日だから、からだを休めてごろごろするとか、都心へ映画を見にいったり、公園で散歩するという消極的な過し方とは違った、もっと積極的なレクリエーションの生活がはじまるだろう。そのころには、東京・名古屋間の高速道路をはじめ、全国の主要な道路も整備され、さらに、生産的、地域経済的な意味とはまた違ったレクリエーション道路網も完備するだろう。そうなると、レクリエーションの週ともなれば人々は本格的な自然を楽しむために、山に海にと出かけることになる。そして金持ち趣味のぜいたくな別荘という意味ではなく、第二の週、レクリエーションの週の生活のための第二の家（セカンド・ハウス）が出現する。

国も当然、休養住宅融資制度をつくることにもなるだろうし、量産方式のプレハブ・レクリエーション・ハウスも市販されるだろう。レクリエーションともなれば一年ごとに、あるいは数年ごとに、山から海へと場所をかえたり、毎週自家用車でひっぱっていけるような軽量の組立て式のものとか、トレーラー・ハウスが便利になる。

以前、スウェーデンで、自動車会社が軽量コンパクトなトレーラー・ハウスを売り出していたのを見たが、わが国でも自動車会社がこの分野に進出してくるだろう。セキスイハウスが試作した、プラスチック製のセキスイキャビンもレクリエーション・ハウス向きのプレハブ住宅として注目されたが、いずれにしても動くものである以上、軽量さと精度が要求され、プラスチック、アルミニウム、薄鋼板といった軽い材料が使われることになるだろう。

しかし、人々が大規模に大自然の中に侵入するようになると、よく騒がれる富士山の紙くずや、あきカンどころではなく、その汚水排せつ物処理だけでもたいへんなことになる。住宅公団に対応するセカンド・ハウスのための休養住宅基地公団のようなものを設立して、国の強力な政策として、観光基地の整備を行なうべきだろう。それでこそ、営利開発による自然の破壊も姿を消そうというものだ。

〈設備のユニット化〉

これまで、わが国の住まいの中で、便所・浴室、台所といった設備部分ほどしいたげられてきた場所はない。便所はもちろん台所でさえも〝不浄な場所〟であったから、建築の場合もまずこれらを鬼門に置かないようにしたし、便所を雪隠（せっちん）と呼んで家から切り離して建てたりしたものである。そこで設備部分は当然のように、薄暗い、じめじめした場所に置かれ、普通でさえ不衛生になりがちな場所が、よけいに不潔になったものだ。

戦後の住宅革命は、まず主婦の解放にはじまり、台所の改善ブームが都市から農村へとくまなくひろがった。設備に光がさしはじめたのである。

住まいには、人間が生活するためのいわば〝主人の空間〟と、それにつかえる設備のための〝召し使いの空間〟がある。

日東食品本社工場（1963年竣工）

日東食品本社工場（1963年竣工）

将来、住宅が進歩していくとしても、人間の生活そのものは本質的にはかわらないだろうから、主人の空間はそうかわるものではないが、召し使いの空間の設備は科学技術の進歩によっていちじるしく変わっていくだろう。台所ひとつをとってみても、ステンレス流し台・ガスボイラー・電気冷蔵庫・皿洗い機・ディスポーザーといった新しい設備の出現が、常に台所をかえている。また耐用年数からいっても、建築の構造体の部分と設備やその配管の寿命は、六〇年対五年といったくらいの差があるとみていい。

そこでこれからは、設備部分をまったく住宅から切り離してまとめ、コンパクトな設備ユニットとして設計するようになるだろう。いままで、家庭電化製品としてバラバラに家庭にはいっていた製品が、台所ユニット、エネルギーユニット（クーラー、ボイラーをふくむ）、便所ユニットとして大量生産され、くらしの中にはいり、三年とか五年ごとに、そっくり新しいユニットと交換するということもできるようになるわけだ。

このような傾向と平行して、こんご一〇年以内には、住宅設備の都市化が進行するだろう。つまり水道・都市ガスのようなものの新種の出現だ。まず考えられるのが、熱源にするスチームを地域ごとに供給したり、酸素を十分ふくんだ新鮮な空気の供給だ。都市内なら下水の設備が完備するだろうが、郊外では一〇〇戸単位ぐらいまとめて浄化そうをつくり、局所的に下水を処理するという方法も考えられるだろう。

自家用車のガレージも住宅内の駐車設備としてではなく、公共の道路に付属したものとして、道路延長一〇〇メートルについて一ヵ所ずつ、道路幅の広いふくらみの部分がつくられる可能性がある。陰気な場所に閉じこめられていた設備が、いっきょに主役を演じるようになり、それも、設備のユニット化と都市化という両面で進行するのである。

＜人工土地＞

〝いますぐにでも住宅を建てたい〟と思っている潜在需要層のうち、まず大部分の人が土地に頭を悩ましている。一時は地価暴落論も現われて話題になったが、現実の地価はいぜん上昇をつづけているのが実情である。

そこでいま、鉄筋コンクリートの人工土地を空中にもちあげて、なん段にもかさね、都市を立体化しようというわけだ。これが実現すれば、都心部から郊外に追い出された人間は、ふたたび都心へもどることができ、通勤問題も本質的に解決することになる。鉄筋コンクリートの人工土地の上には、十分土をのせるので、植物も植えられるし、イヌを飼うのも自由だ。立体的に積みかさねる場合、たとえばらせん状にずらせば、何処へも日があたるようになる。

建築家の大高正人氏は、この人工土地の考え方を四国の坂出の中心部の再開発に実際に適用している。人工土地構想として、京大の西山卯三教授や早大の吉阪隆正教授らも独自のプランを発表しているが、政府もこれらの一連の構想に注目しているので、近い将来、人工土地公団が設立されて、人工土地の賃貸・分譲が可能になるかもしれない。

人工的につくるものである以上、その土地には、十分計画された電気・ガス・給排水のシステムが設備される。地表面を、駐車場・バスストップなど公共的な場所に確保できれば、一石二鳥の都市づくりになるだろう。人々は、自分の好きな家をそこに建てればいいわけだ。その場合にプレハブ住宅なら、転居のときも家を簡単に分解して運べるというものだ。東京の江東地区などのゼロメートル地域なら、土地全体をかさあげしないでも、この人工土地によって水害を防ぐことができるし、地方の農村の水害をこうむりやすい地域に、この方式を適用しても効果があるだろう。いままでの都市は、すべて自然や外敵から人間を守るために発展してきたが、これからはいよいよ人間が自然を征服する、人間のために快適な新しい都市づくりがはじまろうとしているのだ。

〈象徴的空間〉

〝これからの建築は毛深いものになるだろう〟

これはサルバドール・ダリが語った言葉である。

二〇世紀初頭からはじまった近代芸術運動は、建築の面では機能主義としておしすすめられた。ヨーロッパ各国で、アパートに台所や便所の設備も十分でなかった当時、「住宅は住むための機械である」と定義して、人間にとって、新鮮な空気と太陽と緑にあふれた快適なものにしようとした努力は正しかった。機能主義建築は「近代建築」という言葉で人々の心をとらえ、世界各国にひろがったのである。

ところがその結果として、人間の生活そのものに、長い歴史を経てまつわりついていた大切なものまで、きれいさっぱり流し去ってしまったようだ。味気なく建ち並ぶ公団住宅群に、その典型をみることができよう。今後一〇年間は、技術に追いつき技術をのりこえた住宅が、ふたたび人間の尊厳をとりもどすだろう。

近代建築とは〃真四角〃なものという先入観がありはしなかったか。二〇坪（六六平方メートル）だというと、まず四間（七・二メートル）×五間（九メートル）という四角のわくをきめ、そのわくの中で部屋割りをするという、パズル遊びから生まれる住宅は過去のものとなるだろう。

四角のわくから解放されて突きだしたそれぞれの部屋は、自由な群の造型となる。一戸々の住宅は、それぞれの家庭の個性を表現する。町の通りが、それをとりまく家庭の表情によって、ふたたび活気をとりもどす。〃毛深い住宅〃それは、ふたたび人間が自由をとりもどした住宅なのだ。いいかえれば、住まいがそこに住む人を象徴する。

むかしから、住まいの空間のささえとなっていた大黒柱は、その柱に残る傷あとや長い間にわたって輝きをましたそのつやによって、その家庭の象徴となっていた。これからの住まいは、新しい時代の新しい大黒柱を発見していくだろう。

柱のように、住宅の構造体（ほね）がシンボルになる場合もあるし、室内デザインの分野である家具・壁の仕上げ・床の仕上げ・照明といった住宅の仕上げ（いわば皮）が、シンボルになる場合もあろう。構造体が将来ますます規格化され、プレハブ化されていくのに反して、仕上げはますます職人精神のゆたかな〝毛深い〟ものになるに違いない。

現在、ふつうの住宅での構造体・仕上げ・設備のおおざっぱな比率をみると、鉄筋コンクリート住宅で、四対三対三だが、将来は仕上げと設備の比率が高くなって、二対四対四という比率になるだろう。たとえば、五〇〇万円の住宅をつくるとすれば、一〇〇万円の構造体をプレハブで組み立て、二〇〇万円の設備ユニットをそこにとりつけ、さらに二〇〇万円をかけて、あなた自身が自分の住いを仕上げるのである。そして、仕上げ専門のインテリア・デザイナーが、住まいの仕上げ師として大いに活躍するようになるだろう。

量産設計方法論

〈量産の量と質〉

建築の量産化の目標には、大量生産によるコスト・ダウン、施工の合理化によるコスト・ダウンばかりでなく、建築産業のあり方そのものを近代化しようとする願いもこめられている。G.E.A.M（動く建築研究グループ）のヨナ・フリードマンも論じているように、一つの建築における質的追求と同時に、建築の量的不足を解決するという「建築の社会的量」に創造の努力を集中することは、現代の建築家に課せられたもう一つの重要な目標である。

このために、まず「量産による質」の確保が問題となる。四畳半・六畳とか、木造・鉄骨・鉄筋コンクリート造といういい方でしか評価・計量できなかった建築の「物理的質」を、量産による品質管理によって確保すること、ここではじめて、最低限度の建築の質は「計量できるもの」として国民大衆に保証される。

建築の「物理的な質」計量のための基礎的研究が、このために必要となる。この量産建築における「品質の計量」を基礎として、「量産建築の積算法」が可能となると、量産による「質の確保」と、「コスト・ダウン」が設計できるはずである。

二〇世紀前半のグロピウスの規格住宅、ル・コルビュジエのドミノといった規格化・量産化への試みも、建築生産の近代化を通して、空間の新しい質を発見しようとする努力であった。ジャン・プルーベが、建築を航空機や自動車と同様な水準にまで高めようとした努力も、建築産業の近代化という社会的な動きに結びつくまでには半世紀を要した。しかし、こうした建築家の努力は、常に何らかのかたちで「新しいプロトタイプ」を創造することであったし、この「プロトタイプ」の創造こそ建築生産変革の原動力となり、「技術」蓄積のよりどころとなるのである。

一九三六年、ジャン・プルーベが、ローランド・ガロス飛行クラブで世界最初に試みたカーテンウォールのシステムがアメリカに渡って、建築産業の主流として育ったのも、プルーベのカーテンウォールのプロトタイプが共通の財産として、また技術のよりどころとしての価値をもっていたからであろう。

自動車産業が、馬車製造工業とは全く異なる基礎の上に成立したように、量産建築工業は従来の手づくり建築とは全く異なる新しいプロトタイプの追求から始められなければならないはずである。「大量生産」という手段を目的とみなしたり、「量産の量」に注目するあまり、量産の目的となる「建築空間の質」をないがしろにしてはならない。

新しい量産建築空間の質として、私は「変化性」と「多様性」を考えている。

住宅をはじめ建築の生産量が需要に追いつかない理由の一つは、建築の組み込まれている設備をはじめとする「装置」の急激な進歩である。軀体の耐用年数とは異なる短いサイクルの耐用年数をもつ「装置」が、軀体と同時に、現場で一体に構築されている以上、一部分の寿命が建築全体を支配することになってしまう。このように、使いものにならなくなっていく建築の数は相当数にのぼる。また、生活様式の変化・家族構成の変化・事務組織の変化・生産組織の変化といったような、社会の変動によって、容器として役に立たなくなる建築の数も多い。

量産にともなう建築の部品化は、「変化に対応する」という新しい質の追求を可能とする。設備を新型にとりかえるということは、何にもまして、建築の質を高めることになる場合があるし、設備の生活空間の取りつけ方を変化させ得るということは、全く新しい空間の質を約束する。この変化が量産建築の「多様性」をも高め、規格化され集合化されていく都市空間における、個性の表現ともなるのである。

〈選択性と交換性〉

ジャン・プルーベは、早く建築が自動車の水準まで到達しなければならないという。これは何をいわんとしているのだろうか。ある座談会の席上で、「自動車の場合あれだけ同じ型の製品が出ても人々は特に不満をいわない。だから量産建築でも選択性を考えるのは二の次である」という発言を聞いたことがある。自動車と建築はどう違うのか、これはもちろん、いろいろな面から論じられる問題に違いないが、私はここで、「耐用年数」に関係する「選択性」と「交換性」からこれを考えてみる。

自動車の生産台数（乗用車）は年間約二五〇万台（昭和三六年）、これに対して住宅の建設戸数は、公団・公営それに国の資金のはいっている金融公庫を含めると年間約二〇万戸、これに自己資金による建設を含めれば八〇万戸に近い（昭和三八年）。需要のパターンや生産機構の差はあるとしても、建築の量産は、住宅をとってみても量としては本質的な違いはない。

ここで一つの指標として耐用年数を比較してみると、鉄筋コンクリート住宅七五年、鉄骨造住宅（4 mm＞t＞3 mm）三五年、木造・プラスチックス造住宅三〇年であるのに対して、自動車は四年となっている（固定資産の耐用年数表より）。ここで住宅がプレハブ化された状態と考えても、鉄筋コンクリート造四〇年、鉄骨造二〇年の耐用年数はあると考えられる。つまり量産住宅の耐用年数といえども、自動車の耐用年数の五倍〜一〇倍長い「耐用年数のサイクル」をもつのである。

自動車の場合「耐用年数サイクル」が短いことは、それだけ早い生産——消費のサイクルがあることであり、需要者（消費者）は早い期間内で製品を交換し、または部品を交換することを前提として製品を買い求める。耐用年数の短いことが「下取り」を可能とし、これが部品交換性を高め、消費者の意志を生産にフィード・バックさせる。ここでは製品の「選択性」よりも部品の「交換性」が重要であり、人々は「交換」によって変化に対応し、規格化の画一性をカバーするのである。

これに対して、量産住宅では「耐用年数のサイクル」からいっても、その変化のリズムは長く、「下取り」の可能性も少ないことから、必然的に「部品の交換性」以上に製品の「選択性」を重要とする。住宅の量産設計において、一つのシステムの中でのバリエーションの可能性を重視すべき理由もここにある。

しかも、この「耐用年数サイクル」は、生産—消費—生産という流通機構が完成したのちにいえることであって、たとえ建築が大量生産可能となったとしても、消費から生産へのフィード・バックがなくては、消費財の生産工業としては程遠いものになるであろう。企業の立場からいえば、販売・アフターサービスの確立が、この生産——消費のサイクルを完結させることになるし、量産設計の立場からは、耐用年数の設定が「選択性」と「交換性」のバランスを決める。

〈機能単位と空間単位〉

変化に対応する空間——メタボリック・スペース——は、メタボリズムの方法論として長い間追求してきたものである。建築の「変化」には、部品が耐用年数に達して交換されるという意味での変化と、生活様式の変化、家族構成の変化、社会構造の変化に伴う空間の変化がある。機能単位と空間単位という概念は、この二つの「変化」に対応する。

建築を部品に分解する場合、それぞれが機能的に完結している場合、これを「機能単位」と呼ぶ。

コンクリート・ブロックや小型パネルで壁を構成するとき、それぞれの単位は完結した壁という機能をもたない。いいかえれば、壁という機能の一部分でしかない。この場合、コンクリート・ブロック一個の交換や、小型パネル一枚の交換は、壁という機能の変化とは一対一に対応しない。部材の単位を「機能単位」に近づけると、流通機構のサイクルの中で「機能単位」としての部材は、機能変化のフィード・バックを生産に伝達する。

「空間単位」とは、ふるまいの異なる空間をそれぞれ別の単位とすることを意味する。

台所・便所・浴室といったような設備スペースと、居間・寝室とでは全く異なる変化の仕方をもっている。たとえばワンルーム・システムを適当に、居間・寝室・便所といった具合に間仕切ったような住宅では、それぞれの空間が、それぞれの性格と機能に応じた独自の変化をすることは不可能である。ルイ・カーンのいう「マスター・スペース」と「サーバント・スペース」という空間の機能的分離も、空間の将来への発展に可能性を与えるものであるし、ウィリアム・スタンプの部屋単位のプレハブ住宅や、ヴァン・アイクの子どもの家も「空間単位」の例といえる。

設備ユニットはもちろんのこと、将来、軽金属・プラスチック・軽量コンクリートによって、部屋単位の一体的なユニットがつくられるようになる場合、設備空間単位と、居室空間単位の変化のサイクルの違いは、ただちに部品量産の量に関係する。いいかえれば、建築という一つの言葉で表現する構造体の中には、土木的な耐用年数から道具的な耐用年数に至るまでのいろいろの部品があり、その「機能単位」的変化、「空間単位」的変化に対応できるような「関節（コネクター）」の設計を必要とする。

ジョイントの技術とは、結合の技術であると同時に分離の技術であることを忘れてはならない。

＜位相モデュール――モデュレーションの技術＞

量産建築の空間が、いろいろの性格の空間と、いろいろの耐用年数の部品で構成される以上、そこに用いられる「数」および「数の列」は、おのずとそれぞれ異なる根拠と主張をもってくる。

「材料のモデュール」は、量産建築においては一層生産プロセスに関係するし、「設備や装置のモデュール」は、人間工学的モデュールにより即したものであるべきだろう。一方で、設備スペースのように動きの激しいスペースは「動的モデュール」を必要とし、寝室・書斎のような静かな生活の場所の「静的モデュール」と区別することもできる。

わが国に古くから伝わる三尺×六尺と、四尺×八尺という二つのアミ目を考えてみると、三尺×六尺というタタミ一畳の寸法は静かに横たわる人間一人の尺度であり、玄関の入口の大戸とか土間には四尺×八尺という寸法を発見しやすいのは、日本人が生活の中で生み出してきた「静かな寸法」と「動きの寸法」の重ね合わせという知恵ではないだろうかという推測をしてみることがある。

ル・コルビュジエのモデュロールは、空間の構成のプロポーションを美しくするという「プロポーションのモデュール」といってもよいだろうし、また、どの部品がどういう耐用年数をもっているかという建築の時間的変化のモデュール、つまり「耐用年数モデュール」が量産設計のポイントになるだろう。

これらのそれぞれの「モデュール」は、それぞれ独自の主張をもっており、われわれは常に数種類の全く異なる「寸法のアミ目」の中で生活しているといってよい。それぞれのモデュールはお互いに矛盾している場合の方が多く、一つの建築空間にインテグレートするとき、全体を単一の標準モデュールにのせることは意味がないばかりか、機能単位の部品化に対しては、かえって拘束として働くことがある。

それぞれの「寸法のアミ目」の間の「つなぎ目」をみつけること。このモデュレーションの技術を「位相モデュール」と呼ぶ。

自動車を例にとって考えると、ネジ・ボルト・歯車のモデュール・電気系統の規格等々、部分部分に寸法規格があっても、全体を統一する標準のモデュールというのはない。むしろ、部品結合部分の「関節のモデュール」つまり結合部分の寸法規格が、「部品交換」を可能とし、また量産設計におけるデザインの自由度を高めるのである。

〈変化の造型――関節の設計〉

空間が生活の変化・材料の耐用年数に応じて変化していくとき、その変化は、居住者の意志の反映であると同時に、建築家の意図する「変化の造型」を表現するものでなくてはならない。「近代社会の担い手でも、組織者でもない建築家が、都市の造型にたずさわるのは間違いであり、無性格で、最大限に自由な骨組の工学的追求にこそ、建築家の役割がある」というヨナ・フリードマンの主張は、「建築家と社会のかかわり合い」の点で重要な問題を提起している。

建築家が作品を社会にぶっつけることによって、大衆の意志を認識するという創作の方法から一歩進んで、大衆を直接参加させる創作の方法をみつけだすことが「変化の造型」の基本になることはいうまでもないが、そこにはまず、大衆が意志を反映させることができる「変化のメカニズム」が建築家によって準備されねばならない。なぜなら、大衆は専門家でないからだ。「変化のメカニズム」は、大衆の意志を「変化の造型」に結びつける橋わたしをするのである。つまり、建築家は「大衆」とか「群」とかいった現代の状況を、そのまま自分の造型としてお手盛するのではなく、大衆の直接的な意志と建築家の造型意志のかかわり合いの中にでてくる「変化の造型」のイメージを、造型としてではなく、「変化のメカニズム」「変化のシステム」の中に封じ込めて、その発芽を待つのである。

プレハブ建築は、建築をいっそう「変化の造型」に近づけてくれる。私は、部品が時間と共に変化していく過程を含めた「変化の造型」をイメージしながら、設計をすすめることができた。

アパートか公団アパートとして建設される場合、公営住宅として建設される場合、そして社宅として建設される場合では、その結合のされ方も、時間による変化の仕方も異なるだろうが、そこには施主と意志と、建築家の変化のシステムの間に生れる「変化の造型」のイメージがある。

「変化の造型」を導き出す「変化のシステム」は、

1　変化サイクルの違いの序列化＝時間のモデュール
2　空間規模の違いの序列化＝空間単位のモデュール
3　変化の「関節」の序列化＝関節のモデュール
4　エネルギーの受け方の序列化＝エネルギーのモデュール

を軸として考えることができる。

可動設備ユニットを階段室まわりのアプローチに配置したのは、都市設備からのエネルギーの受け方を視覚的に表現することと同時に、変化のサイクルの違いも視覚的に生活の中で感じさせようとしたからである。一戸の住居単位をとってみれば、箱型立体単位は変化の「関節」の役割をなしており、アパートとして連続すると階段室が不連続な結合点「関節」となる。

階段のスラブはピンで両側の棟を結んでおり、ここで四列の箱で構成されるタイプなら七種類の結合の可能性をもつわけだが、可動設備と階段との関係から五種類となる。つまり一つのシステムの中で、各戸の個性的な関係を創り出す可能性を、この「関節」に托するのである。

「多様性のある造型」と「変化する造型」とは一対一に対応しない。「多様性のある造型」とは、現代の大衆社会の同一時間断面におけるおのおの個性の「差」の認識であり、「変化の造型」とはそれぞれの構成要素の時間的な変化によって生ずる「差」の認識であろう。空間の関節と時間の関節が、大衆のばく大で無秩序な意志を、「多様性のある造型」と「変化する造型」にまで高めることができるのである。

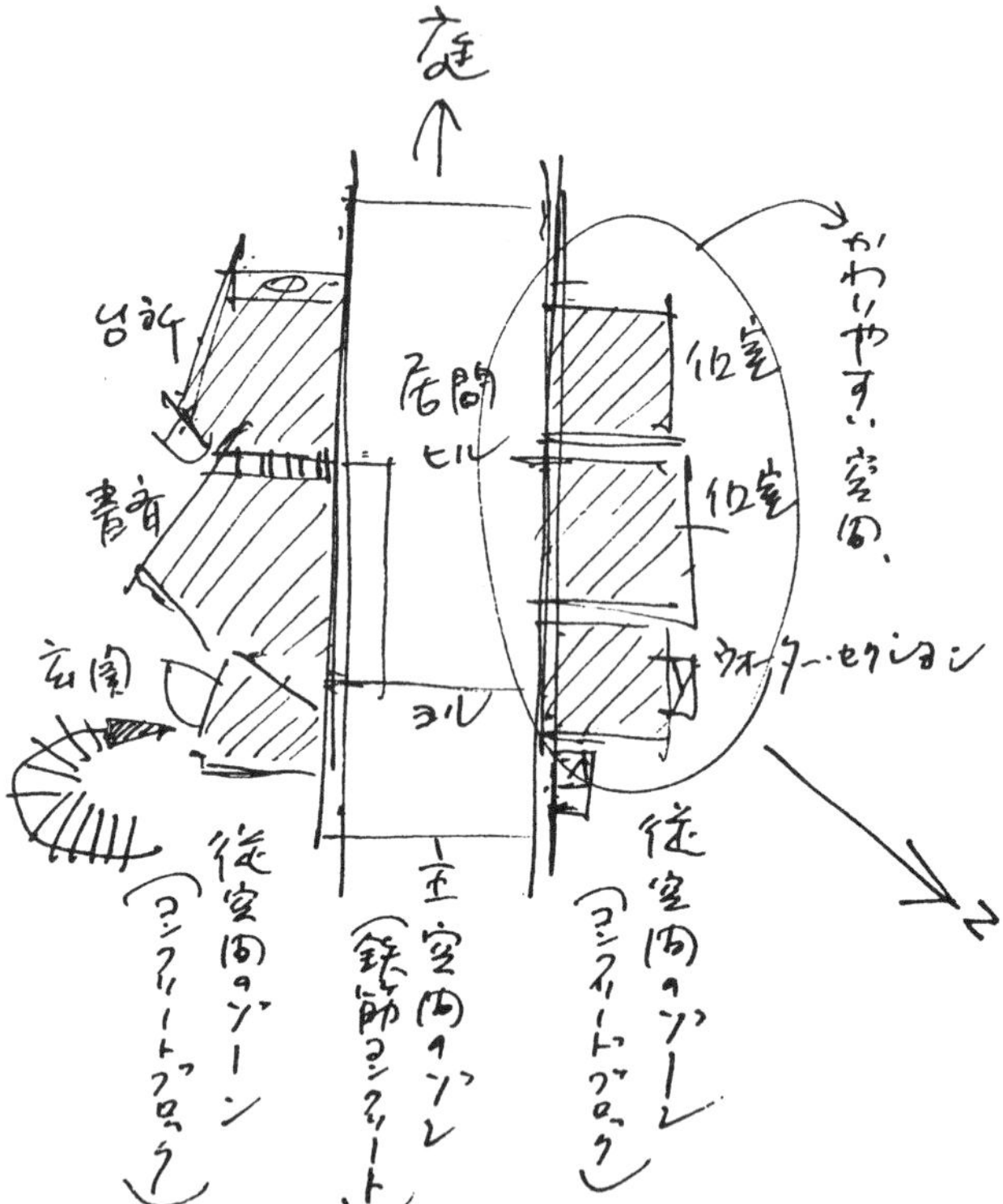

志賀邸平面構成スケッチ

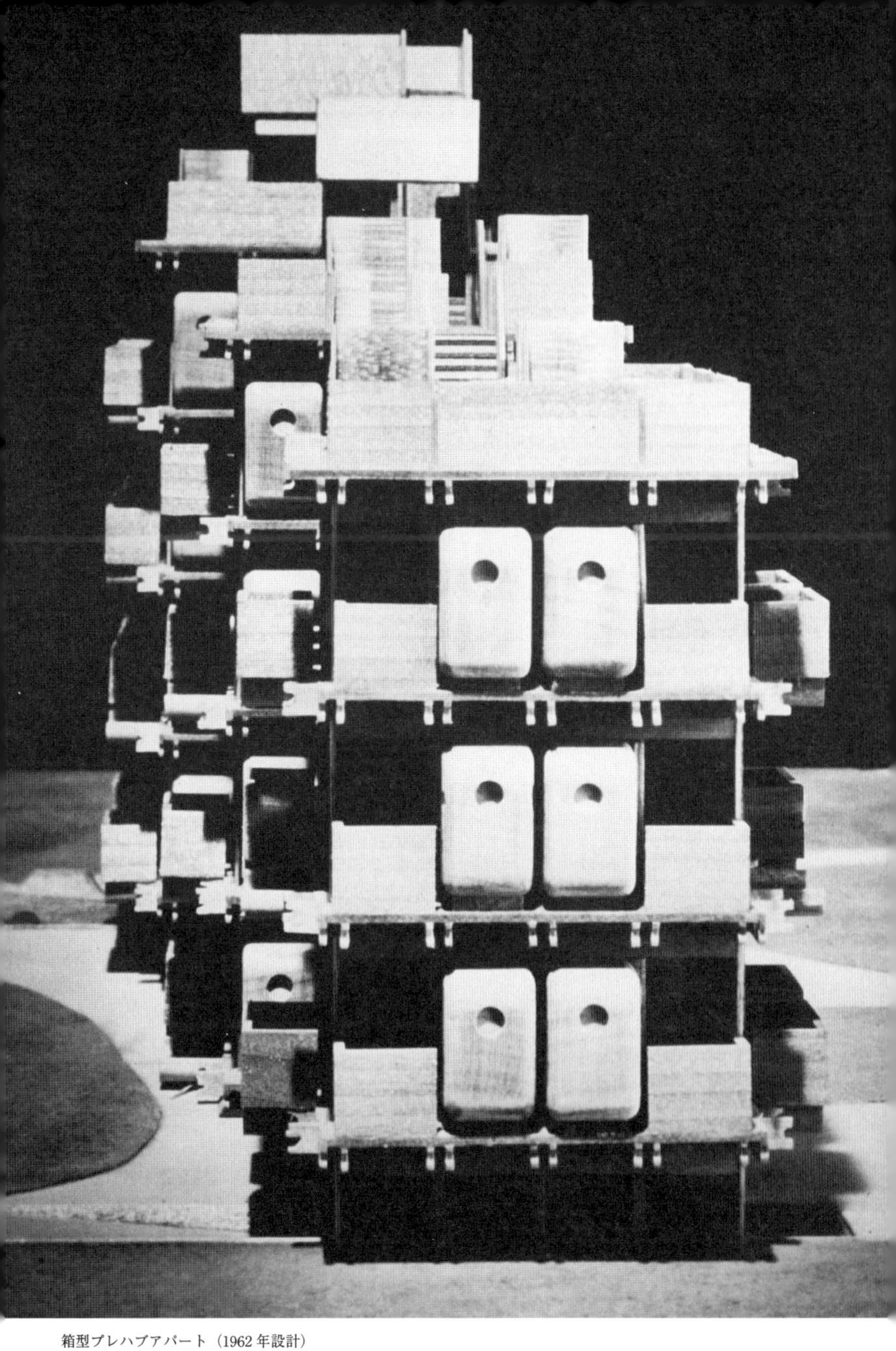

箱型プレハブアパート（1962 年設計）

箱型プレハブアパート（1962 年設計）

第二章　運動の建築

道の建築

〈ピキオニスの道〉

アクロポリスの丘へと続く観光客の流れにさからって、わたしはヒロパパスの丘に向かって歩いていた。アクロポリスの丘は予想したとおり、私には何の感激も与えてはくれなかったが、アテネにあるビザンチンの寺院と、このピキオニスの道は何かを私に語りかけてくるのであった。ピキオニスは、現在余生をアテネで送っている老建築家である。彼には二・三の作品があるが、アクロポリスの丘からヒロパパスの丘へと続く二キロメートルの道の設計と、その道に沿ってあるディミトリオス・ロンバルダリスの教会が代表的な作品だという。

パルテノンの神殿の入口近くでは、道はドーリアやイオニアの柱の遺跡をかかえて、シンボリックな空間を創っている。しばらく降りると、そこは自動車の溜り場。ここでは道は、ちょうど河の流れが淀むように静かな広がりをみせている。そしてプロムナードを生み、あるいはプロムナードと交錯しながら、この石ダタミの道は続いていく。

途中でふと、この石ダタミがとだえる。そこはアスファルト舗装の自動車道路だ。人々は、この河の流れの中にある石ダタミの道の島づたいに向う岸の道へ渡る。ここからはまた登り道。両側の狭い道は階段の道、中央の広い道はスロープの道。階段のわきには、大理石のベンチがところどころアルコーブをつくり、あるところでは公園に続く。雨水はコンクリートの側溝を流れ、ところどころで大理石の雨受けで持ち上げられては、また下へと走っていく。

中央の石ダタミの中にはめこまれたコンクリートのパターンは、あるところでは車の流れをせきとめるかのように、そして、あるところでは車の流れを押し流すかのように変化する。道のわきに自然の岩があるときには、コンクリートのパターンは身をのりだして、この岩を捉える。

ヒロパパスの丘へと登る中腹に、小さな教会がある。ちょうどこの道の石ダタミがそのまま教会になってしまったように、この教会は道に同化している。この道は「人が動くための建築」あるいは「道の建築」と呼ぶにふさわしい。そしてこの丘をのぼりつめたところで、このピキオニスの道は終わる。ふり返ってみると、この道の空間を無意識のうちに楽しみながらアクロポリスに向かう人々の群をみた。パルテノンは相変らず白々しい姿をみせていた。そのとき、ふと、私はこんなことを思った。「パルテノンが死んだギリシャのかたちなら、ピキオニスの道は生きたギリシャの空間かも知れない」と。

〈東洋の道と西洋の道〉

インドには四つの理想都市がある。ダンダカ型、パドマカ型、ナンジャヤルタ型、そしてスワスティカ型がこれである。これらの都市の骨組は、東西に走るラジャパタ（王道）と、南北に走るマハカラ（広路）によって構成される。公共施設・宗教施設は、このラジャパタとマハカラに沿って分散配置され、中心部には菩提樹が一本植えられる。この菩提樹は、太陽、月、そして星を生むものと考えられていた。

しかしこの菩提樹は、宇宙に通ずる霊能のサインではあっても、都市の市民生活を結ぶ核ではない。むしろ太陽が朝から晩まで照らし浄化するラジャパタや、風の通り道となるマハカラが、都市の個人生活を全体へつなぐ社会的な空間として機能していたのである。長い雨季ののちには、太陽の道ラジャパタは人々で溢れ、人々の活気に満ちた生活を感じさせただろうし、湿度の高い寝苦しい夜は、人々は風の道マハカラに寝台を出して夜空の星を眺めながら寝ることができたろう。

都市の祭は、この人々の溢れている太陽の道や風の道を練り歩き、巡回礼拝の儀式はマンガラビチと呼ばれる道で行なわれた。つまり、ばらばらな個人の生活を都市につなぎとめる宗教儀式や権力の空間が、市民の生活と共存して道の空間を形成していたのである。

この傾向は、木造住居を基本とする平安京においてさらに明確となる。坊条制をとる平安京の道路は、大路にあたる「路」と小路、または「通り」にあたる「道」に分けることができる。そして寺社・公共施設は、やはり中心部に集中して広場や核を形成することなく、大路に沿って散在する。

東洋の祭が、群集を「広場」に集めて行なわれるより練り歩くことを主体としたため、練り歩くための「通り」が必要であり、寺社や公共施設も集中して中心部におかれるより、「通り」で結ばれる配置が考えられたのかも知れない。伊勢神宮において、五十鈴川・神木によって意味づけられた参道自体が、「道の建築」として社殿そのものよりも重要な空間性をもつのもこの意味からうなずけよう。

いずれにしても平安京の大路は、貴族階級の馬車が通り、祭が練り歩く「通り」である必要があった。つまり、この「通り」の両側の街並みは市民の住む場であり、この大路は、市民を儀式と権力の示威によって都市の構造につなぎとめる骨組であり、またショーウインドーでもあったのである。しかし、大路が一人々々の生活を都市的な生活にまで高める役割を果たしていたかというとそうはいえない。ここで、目を「小路」「袋小路」に移してみよう。

京都の西陣地区を始め、ウナギの寝床と呼ばれる典型的な町屋の間をぬっている「小路」は、「路」に対して「道」というにふさわしい。大路があくまで地域と地域、または町と町の境をなすものであったのに対して、小路つまり道は、地域の間を貫通するもの、町の真ん中に挿入されたものということができる。

三メートルにも満たない「道」の両側の町は、格子によって半ば開放的な建築形態をとっている。夏の夜、この「道」は夕涼みの人々で溢れ、格子越しに人々の歓談する姿も見られる。「路」が儀式と権力の示威の場であったのに対し、「道」は市民生活の場であり、個々の生活空間をつなぐ空間であった。

さて、西欧ではこのような「道」はあったろうか。

ギリシャの都市イオニアのミレタスも、格子状の道路によって基本的な骨組が構成されている。しかし、ここで二つの根本的な違いを観察することができよう。

一つは、公共的な施設の配置である。東洋の古代都市においては公共施設が「路」に沿って分散配置され、それによって「路」自体が都市の公共空間として機能していたのに対して、ギリシャ都市では、中央部に求心的な公共空間アゴラをもつ。開放的な構造をもつ格子状の都の「路」が、このアゴラの周囲では道の建築（コロネード）となって広場へと受けついでいる。ミレタスにおいては、この広場こそ市民の生活を都市の政治にむすび、都市意識へと高める空間であったのである。

二つには、「路」の空間構造、つまり路とそれに沿う建築の空間的なかかわり合いの相異である。ミレタスの住居は、コート・ハウスを基本としている。路から住居にはいると中庭があり、それぞれの部屋はこの中庭に対して開いている。個々の市民生活は、中庭を中心とする住居単位の中に確立されてはいるが、「路」に対しては閉鎖的な構造をとる。そしてこの住居の裏側と表側の接する間には一〜二メートル幅の「排水路」が設けられてはいても、個々の生活が開かれ、浸透し、共存するような「道」はなかったのである。

ここはすでに、流動的な、共存的な東洋の都市空間とは異なる機能的な空間の秩序化が感じられる。個人の空間としての中庭・排水路・交通のための格子状の「路」、そして個人的な空間を都市意識に高める「広場」、「路」と「広場」をつなぐ「コロネード」といったように。しかし中世の封建都市になると、「広場」の性格が市民のためのものから、権力者のための示威、宗教のための儀式の空間へと変化していく。そのために、広場はより一層求心的な構造をとるようになり、格子状の開放的なコミュニケーション・システムよりは、すべてが広場へと通ずるような、より求心的な「路」となっていく。つまり交通のための「路」は、広場へ通ずる交通のための「路」なのである。

そこで西洋の都市では、市民生活が伸長し、都市の主導権が権力者から市民へ移行するにつれて、「広場」を増し、無数の「市民の広場」を形成するようになる。東洋の都市で、「通り」や「小路」が市民文化の基盤となったのに対して、「街角」がその役割を果たすのである。

機能的な「路」はあっても、空間的な「道」がなかった西洋において、ピキオニスの道を知ったことはある驚きであった。しかし、ギリシャの「広場」であるアゴラが、その周辺の「コロネード」によって「路」を「道」に転化しようとしていたように、伝統としての遺跡を現代の都市につなぐ、よりギリシャ的な「道」なのかも知れない。

＜現代都市における道の意味＞

一九六一年の九月、パリで開かれたチーム・テンの会議で討議の主題となったのは、「インフラ・ストラクチャーとエレメントの関係」である。建築家が都市空間を構造化できる方法があるとすればどういう方法か、そして、その構造はどういうものか。これをスミッソンは、インフラ・ストラクチャーと呼んだのである。この「構造化」の方法の中で主役として出てきたのは、当然「コミュニケーション・システム」である。

都市の機能の複雑化の傾向が進むと、当然必要になってくるのは「交通密度」「交通量」「交通速度」、そして「交通質」の向上である。馬車から自動車への交通機関の変化は、交通量を増し、交通速度を早め、新しい交通質の専用道路をつくらせた。また、電車・バス・地下鉄などの大量輸送機関の発達は、交通量により一層対処する点にある。

しかし、交通の速度と量を念頭に置くあまり、交通の密度と質についてなおざりになってはいないだろうか。再開発の手法として幅をきかせているスーパー・ブロック方法は、都市の「道」を自動車にのみ都合のよい「路」に転化して交通密度を低下させているし、歩道に車を乗り入れて歩道として成立していた「通り」や「道」を「路」にしたり、「道」の下が設備の「路」だったりというような機能の重複が、交通の質を低下させている。

交通の質の向上とは、「小路」を広げて自動車道路にすることでもなければ、エネルギーの「路」と人の「道」を兼用することでもない。

それぞれ独立したコミュニケーションのシステムが、それぞれ独自の主張をもちながら都市の中に共存しなくてはならない。

会議に出席したフランスの建築家キャンディリス、ウッヅ、ジョジックによるトゥールーズの都市計画は興味ある問題を示している。この案は、自然の森と河に沿って計画される人のための歩道を、新しい都市のインフラ・ストラクチャーと考えている。

この「幹」と呼ばれる「道」は、公共施設を各所に含む都市の骨組であり、この都市の設備ともいうべき自動車道路やエネルギー供給のシステムは、外側からこの地域にサービスするようになっている。そして住居地域は、一方の手を「道」に、他方の手を設備の「路」にのばすような具合にとりつけられていくのである。

この案のもっている意味は、設備的な「路」と、空間的な「道」を明確に分離した点と、人間のための「道」を都市の主人公の座においた点にある。しかし、この方法があらゆる都市に適用できるとは考えられない。規模の大きい複雑な大都市の場合には、必ずしも人間のための「道」が中心軸をなすとは考えられない。しかし、現代の都市の「路」や「道」にあまりにも兼用や代用が多すぎはしないだろうか。特に、空間的な「道」が忘れられている傾向が強いといわねばなるまい。

現代の都市においても、「コミュニケーションのシステム」が、個々の個人生活を都市意識につなぐものであろう。機能的な「路」は、都市を経済体・政治体として成立させる。そのためには、今にもまして「効率」が重視されねばならない。

「二進法」によるコミュニケーションの方法は、「サイクル・トランスポーテーション」「ヘリックス・トランスポーテーション」、そして「三差路交差」を生む。つまり「二進法」は計量できる効率のもっともよい方法だからである。と同時に、われわれは都市における「インフィルトレーション（浸透力）」に注意をむける必要がある。

都市に投ぜられた「構造（システム）」が、個々の建築をどう刺激し、旧い市街地のポテンシャリティーとどう結びつくかという点である。これは「構造（システム）の浸透力」ということができよう。ミレタスの「路」が個々の住空間に対する浸透力をもたなかったがゆえに強力な「広場」を必要としたように、われわれは都市に創られる「路」や「道」の建築空間に対する浸透力を問題にしなくてはならない。

木蔭のある石ダタミの「歩道計画」は市民の生活の空間を確保するだろうし、効率のよい「エネルギー路計画」は、生活空間にサービスする変化しやすい設備空間として整備される必要がある。河、緑、そして現在生きている「通り」や「小路」は、「歩道計画」のプログラムのなかで町並みを形成していくだろうし、設備的な自動車専用道路や設備壁・人工土地は、ある場合には「道」よりも変化しやすいものとして認識されるであろう。

われわれは、これらの複雑な「コミュニケーションのシステム」を一つのシステムに統一する必要はない。それぞれ矛盾し合うシステムは、お互いに共存して重ね合わされる。「路」は機能的に空間をつなぎ、「道」は空間的に機能をつないでいくだろう。

「道の建築」が新しい都市空間を創造していくであろう。

街路空間の構成

＜生活空間としての街路＞

パースペクティヴという言葉のもっている意味を実感として感じさせられたのは、ヨーロッパの街を体験したときであった。

たしかにヨーロッパの都市の基本的な構成——それはルネッサンス、バロックの空間構成といってよいものが多いのだが——は、街を歩く人々や、馬車に乗った人々と共鳴していた時代の産物である。そこでは建築のスケールと街路のスケールと、そこを通る人々のスピードが調和していた。建築内部での空間の知覚体験、建築外部（庭・公園・広場・歩道）での空間の知覚体験、そして馬車に乗って街路を走るときの知覚体験のあいだには、なんの断層もなかったといってよいだろう。「パースペクティヴ」「アンサンブル」という手法が、都市空間を造形する有効な手だてとなりえたのも、連続的な空間知覚の体験が存在していたからである。

都市空間の連続的な秩序が切り裂かれたのは、自動車の出現によってであった。自動車が馬車の代用品であった時代は別として、量産化され大衆化されたときから、その破壊力は強大なものとなっていった。二〇世紀の都市の歴史は、まさに自動車に対する戦いそのものだったといってよい。「パースペクティヴ」の手法によって構成されたヨーロッパの街は、そのパースペクティヴの視点として「広場」が拠点となっている。

どの街路をたどっていっても、知らず知らずのうちに「広場」に到達するという街の構成も、また曲がりくねった小路を歩いていくと突然パッと開けた「広場」に出るという空間の性格も、ヨーロッパの街における「広場」の重要性を物語るものである。すべての公共施設（教会・市庁舎・市場・劇場）は、広場に沿って配置され、広場が私的な空間を都市的な空間に結ぶ重要な役割を果たしていた。そこで、自動車の侵入に対するヨーロッパの街の反応は、まず生活の拠点である広場をいかに自動車から守るかということであった。都心のいくつかの広場を駐車場として譲りながらも、住区内に点在する小広場と、それに結ばれた各住戸への中庭を人間のために守っていこうというのがその方法である。

パリへ行くたびに不思議に思うことは、東京以上の自動車の流れが街路に溢れているにもかかわらず、それほどの混乱を感じないということである。その理由は、オスマンの計画したブールバールが、たまたま自動車時代に適合するスケールをもっていたこともあるけれども、やはり住区内に配置された小広場と中庭との有機的な連がりが、都市における生活の組織を破壊から救っているからであろう。
東洋の街の自動車に対する戦いは、きわめて悲劇的であった。ヨーロッパの街が街路を自動車に占領されても、広場の有機的な連がりを守ることによって、かろうじて住空間の連続性を確保したのに対して、東洋の街の街路に自動車が溢れるということは、住空間の有機的な連続性を断ち切ることであった。

東洋の街には「広場」はなかった。

平安京がそうであるように、大路と名づけられた街路が、ちょうどヨーロッパの「広場」の役割を果たし、公共的な施設(社寺・市場など)がこれに沿って分散して配置されている。そして小路・通りと呼ばれる街路が、これに直交して住区の中央に挿入され、ヨーロッパにおける「小広場」「近隣広場」の役割を果たしていた。京都の西陣の町屋と町屋にはさまれた小路は、夏の夜ともなれば夕涼みの人々で溢れ、街路というよりは、住空間の延長といったほうがいいような空間を形成していたのである。

ジェン・ジェィコブスが、彼女の著書「アメリカ大都市の生と死」のなかで述べているように、アメリカの都市もまた、その格子状の都市の構造のなかで、街路が生活空間の延長として相補的な性格をもっていた。このような、街路を有機化への媒体としていた都市への自動車の侵入は、まさに致命的だったといってよいだろう。都市内の自動車専用道路を本格的に建設しているのが、アメリカと日本であることは、けっして偶然のことではないように思われる。

都市の街路を拡幅し、立体交差化し、高架とし、次第に自動車の専用として計画していくにつれて、街路の性格は明らかに自動車のための装置となり、そこに存在していた生活はどこかへ押しやられてしまった。現代の都市の混乱は、スケールの混乱にあるというよりは、われわれの生活の体験、とくに建築の外部空間における体験に深い断層が生じたことにあるといえないだろうか。街路を河にたとえれば、ちょうどわれわれの街は河の中洲にいるようなものだ。といって、隣りの島へ橋をかけ、洪水を防ぐために堤防を築くということだけでよいのだろうか。

昔、河が人類の生活源だったように、ふたたび河を生活のなかに胎内化する必要がある。装置としての道路とは別に、生活空間としての街路をわれわれはふたたび必要としている。私のいわゆる「道の建築」とは、街路を建築として空間化することによって、ふたたび都市を有機化しようとする手だてなのである。

〈街角の設計〉

街路を建築として考えれば、建築に家具・照明・諸設備があるように、ストリート・ファーニチュア、ストリート・ランプ、ストリート・エクイプメントといった装置があってよい。西欧でストリート・ファーニチュアと呼ばれているのを拾いあげてみると、次のように分類できる。

a　人のためのストリート・ファーニチュア
・広告塔、広告板（ポスター板）、看板、ネオン
・掲示板、案内板、交通標識
・新聞売店、スタンド
・ベンチ
・バス・シェルター（バス待合所）
・タクシー・シェルター（タクシー待合所）
・地下鉄入口
・公衆便所
・街路灯
・フラワー・ボックス
・くずかご、灰皿、水飲器
・自動販売機
・ポスト、電話ボックス
・街路樹、植木鉢
b　自動車のためのストリート・ファーニチュア
・シグナル

・交通標識、交通案内板
・パーキング・メーター
・ガード・レール
・照明灯
・交通管制塔

c　その他

・架線、架線柱
・排気塔、排気口
・消火栓

これらのさまざまなファーニチュアをみると、自動車が出現していらい必要となったものが意外に多いことがわかるだろう。自動車の危害からなんとか人を守ろうとする防衛手段として、これほどまでにさまざまな装置がとりつけられていながら、その効果はかならずしもあがっているとはいえない。ストリート・ファーニチュアについて組織的な研究と実験を行なっているのは、イギリスと北欧だといってよい。イギリスではとくにニュータウンにおけるストリート・ファーニチュアについて、次の三つの側面から取り組んでいる。

1　バス・ストップ・コードによるストリート・ファーニチュアの配置や寸法の規制

2　製品をモデュラー・システムにのせることによる組合せ方式の採用

西陣労働センター（1962 年竣工）

西陣労働センター（1962年竣工）

3　街路全体に対する一元的な計画コントロール

ＬＣＣとニュータウン公団の協同によるヘメル・ヘンプステッド・ニュータウンに適用された例によると、配置・寸法については、きわめて整然としたストリート・ファーニチュアの構成に成功している。イギリスでは第二次大戦後、王立美術アカデミーが交通省と協力して、街灯のデザインについての研究をはじめたのがきっかけとなり、一九五一年インダストリアル・デザイン協会がストリート・ファーニチュア委員会を結成し、地道な研究を続けていたことが実を結んだものといえるだろう。

これに対してニューヨークの五番街では、連邦政府・市当局・民間団体という三つの組織によってそれぞれまったく孤立したストリート・ファーニチュアの実施システムをもっており、そこにも混乱の原因はあるのであろう。

a　連邦政府――郵便局＝ポスト

b　市　当　局――消防署＝火災報知機

――水・ガス・電気企業局＝街灯、消火栓

――警　察＝バス・ストップ・サイン、緊急連絡箱

――衛生局＝ゴミ箱、くずかご、灰皿

――交通局＝パーキング・メーター、交通標識、交通信号

――公園局＝植木鉢、水飲器、ベンチ、公園照明

――公共企業局＝植木鉢、バナー
c 民間団体――ニューヨーク交通営団＝地下鉄売店
――ベル電話会社＝電話ボックス
――保険協会＝植木鉢、バナー
――五番街協会＝交通灯

そしてその結果、街灯だけでも五番街に八四種のものがあるという始末なのである。このことは、東京についてもまた同様だといえるに違いない。さまざまな装置がとりつけられていながら、その効果はかならずしもあがっているとはいえない。ピーター・スミッソンは、都市空間に必要な一つの条件として「わかりやすさ（identity）」をとりあげているが、これはたしかに機能的都市計画の方法が見落していた点である。

シャンディガールやブラジリアを訪れたとき、私は「太陽・空間・緑」が溢れた、実にみごとないいい抽象的空間を発見した。直線的で、均質なその空間構成がわかりやすいとすれば、それは「記号的なわかりやすさ」であって、空間的なわかりやすさではない。まるで同じような建築が建ち並び、まったく同じような四つ角をもつ都市で、自分自身のいる場所を確認し、自分の行こうとするところを知るためには、市街地案内図、街路番号、そして番地といった記号に頼るほかはないだろう。現代的な都市ほど交通のためのストリート・ファーニチュア、とくにストリート・サインが街に溢れ、それぞれのサインができるだけ目立つようにと競い合っている。そしてその結果は、ケネス・

ブラウンがいっているように「その複雑で、拙速主義で、刺激的な表現が、結果としてはすべてのストリート・ファーニチュアを、まるで石のように無表情なものにしてしまっている」のだ。「どんな迷路でも、記号さえあれば絶対に間違うことはない」という論理は、実は空間の論理としては成立しないのである。

オランダの建築家、アルド・ヴァン・アイクは、スミッソンのいう「わかりやすさ(identity)」を、さらに「迷路のような明快さ(labyrinth clarity)」という概念に発展させている。「記号がなくても絶対に間違うことのないような空間をつくれば、迷路でも実にわかりやすいものになる」という意味に解釈してよいだろう。

格子状のニューヨークの街で、街路番号をたよりながらある場所を訪ねるとき、私には、何の空間知覚の体験もない。記号による抽象化されたチャンネルの理解は、迷路でもないニューヨークの格子の空間を迷路以上にわかりにくいものにしてしまう。

〈街路空間の象徴性〉

われわれは、サインの能力を過大に評価することによって、「形態」のもつ象徴性の能力や意義を過小評価している。都市生活における空間知覚の体験は、空間形態のもつ象徴性の知覚にほかならない。都市が単純な構造をもっていた時代、個人の私的な空間体験を全体に結ぶためには、個人を全体に集めるための象徴、つまり「公共的な象徴」があればよく、それゆえに「広場」は、よりモニュメンタルに強い象徴をもつように設計された。現代の都市は、いくつかの構造が重合され、複合された複雑な高次な構造をもっている。

メタボリックな都市、つまり変化し、生長し、新陳代謝する都市とは、そのおのおのの構造が、交換され生長すると同時に、おのおのの構造間の結合のされかた、はずれかたが変わってくるという二種の意味をもっている。

人の歩くためのネットワーク、自動車のためのネットワーク、都市設備（上下水道・電気・ガス・コミュニケーション）のためのネットワーク、自然の要素（緑・水面）のネットワーク、生産空間のネットワーク、住空間のネットワーク等々は、そのどれをとってみても都市の構造を決定する要素になりうるといってよい。そしてしかも、そのおのおのの構造はお互いに矛盾する場合もあるし、相互依存の関係にある場合もある。それぞれの構造の生長・変化と同時に、その結合のされかた、重合のされかたが重要であることはいうまでもない。

このような都市構造の結び目「節（connector）」もまた、その「節」の役割を端的に象徴するものでなくてはならない。

「広場」が人々を集めるための象徴であるとすれば、「節」は都市機能の相互関係を明確にわかりやすいものにするための象徴である。人々は「節」によって、いくつかの空間体験のチャンネルを選択する自由をもつ。ルイ・カーンのフィラデルフィア計画（一九六〇年）における「港の建築」、バケマのテル・アビブ・ヤホ計画（一九六三年）における「門の建築（citygate building)」、丹下研究室のスコピエ計画（一九六五年）における「門の建築（citygate)」、わたくしの丸の内計画（一九六〇年）における「結合の建築(urban connector)」は、おのおの「節」の構造を実体として象徴しようとするものである。

一八八九年、ウィーンの都市計画家カミロ・ジッテは、中古都市への復帰を意図して、都市をふたたび芸術的な方法で造形することによって象徴性をとりもどそうとしたのであったが、その手法は、広場の隅々に記念碑を設けたり、彫刻的な細工をほどこすといった消極的な方法であった。アメリカで一時流行した「都市美化運動」もこれと大差はなく、結果はけばけばしい都市の厚化粧に終わっている。ストリート・ファーニチュアによって街路を豊かにしようとする試みもまた、ときには都市の化粧になる危険があることを反省しなくてはならない。

現代都市が必要としているのは、都市の化粧ではなく、新しい都市機能の構造的な結合点をいかに象徴づけ、空間をわかりやすくするかという点である。

アメリカにおけるアーバン・デザイン研究の拠点ともいうべきジョイント・センターで、特異な役割を果たしているジョージ・ケペッシュは、論文「都市景観における表現と伝達についての覚え書」のなかで、「継続する形態要素の関係の注意深い調査は必要な発端である。連なった鎖に並べられた形の中にひそむ表現的特質をくみとる感覚を得るために、開放的または閉鎖的空間や、高いあるいは低い建物や、複雑なあるいは単純な外観や、自然な特徴や人工的な形や、多くの他の変化するものなどの連続的な関係を研究し、記録し、操作するがよい。規則的な変化、不規則的な変化、空間的距離のリズミカルな対位法的な継続は、記録され、解明されなければならない」と述べ、その方法を

1　都市環境の知覚的な面から、住居群・街路・広場・近隣区域という単位を、それら特有の姿を認識することによって明瞭にすること

2　河川・壁・断層・形の変化の境界と、その単位を解明すること

3　それらの結合と連結の見地から、各部分の連結構造を解明すること

にあるとしている。

このことを突きつめていくと、街路そのものをばらばらに分解して、実体的なシンボルやサインの配置、つまりある時点におけるそれらの要素の距離・位置・方向・通路・意味によってのみ認識できるいくつかの領域によって構成される「場」だと考えたほうがいいかも知れない。

近代都市計画の手法が、道路として専用化すると同時に、街路にそもそも含まれていた生活の

「場」の要素、子供の遊び場・散歩道といった、ジェイコブス女史のいう、いわゆるストリート・ライフまでをそれぞれ機能的に分離してしまった。ストリート・ライフから切り離された子供の遊び場は、大人の生活から隔離された温床となり、かえって不良少年による犯罪の場になる傾向さえある。

アムステルダムの街角には、アルド・ヴァン・アイクによるいくつかの子供の遊び場があるが、それは住居区のある街路の出入口にコンクリート・ポールを立てることによって自動車の通行を禁止し、街路そのものをきわめて象徴的に遊びのコーナーに仕立てあげたり、ある街路の全体にきわだった赤の舗石を貼ることによって、心理的に自動車のスピードが落ちるような効果をねらったりという対照的な方法である。

都市の機能を論理的・技術的に分離すると同時に、空間的には連続し、重合し、相互依存する象徴的な結合関係に置くために、われわれは建築と街路の、街路と自動車の、街路と広場の、歩道と遊び場の、境界を秩序づけ、街路を建築化する過程の中で、ストリート・ファーニチュアの役割を定着させていくべきではないだろうか。

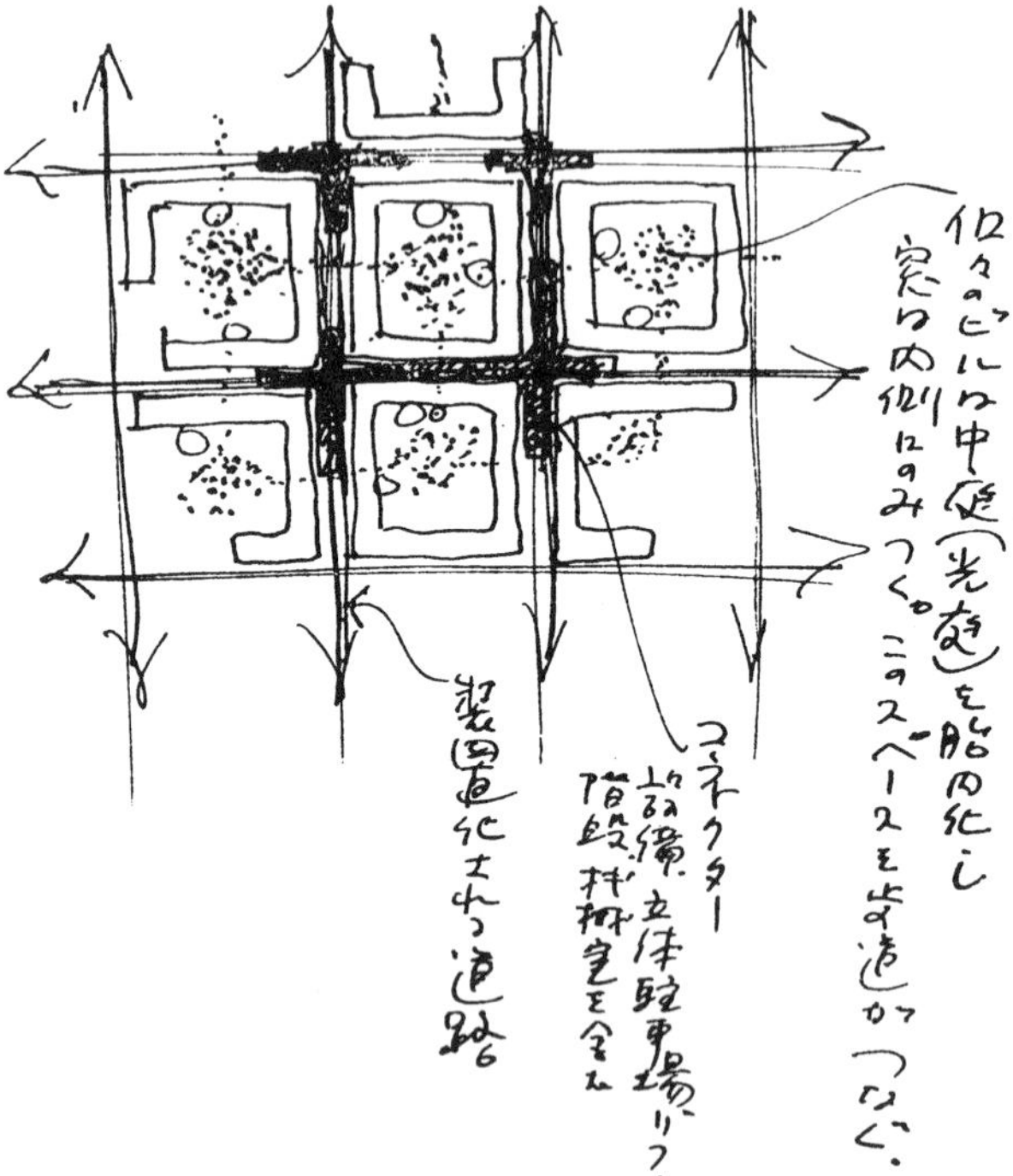

丸の内再開発計画スケッチ

第三章　メタボリズムの方法

メタボリズムの方法論（その一）

＜建築の系と都市の系＞

われわれが建築の創造に取り組むとき、あるときは機能分析から、あるときは思想や形のイメージから、あるときは技術的なシステムの設定から、その仕事は始まる。これらのおのおのは、もちろんどれをとっても欠くことのできないものである。ところが、機能分析・形のイメージ(表現)・技術的なシステムのそれぞれを、積分することによって建築が創造されるかというと、そうではない。

これらのいくつものアプローチはお互いに矛盾し、否定し合うものなのである。それをなんとか腕づくで一つのかたちにまとめあげるのではなく、むしろ積極的に激突させることによって、お互いの矛盾が明確になるのである。建築家の構想とは、このような過程の中で形成され、生まれてくるものなのだ。

別のいいかたをすれば、建築の創造は建築家のいくつかの実践を通じて、「構想」と「現実」とのたえまないかかわり合いを通じて進められる。そしてこのかかわり合いは、まず「構想」と「設計の方法」の間の闘争から始まる。われわれは、いろいろな「設計の方法」をもっている。それらは、空間の秩序の設定であり、機能の分析であり、情報流のパターン化であり、また構造システムの追求であろう。このような「設計の方法」は、最近では調査・統計技術の進歩、ケース・スタディを基礎とした予測の科学の発展、そして近い将来には、電子計算機による「設計方法」をもつことは明らかである。

そのとき問題になるのは、この進歩した「設計の方法」と構想との間に激しい対立を誘発させ、空間を発生させるための、仕掛けや道具を発見できるかどうかということだ。自分の思想の集約のような言葉の発見も仕掛けになるだろうし、またそれとは逆に、自分とは何のかかわり合いのないもの——それがかたちであろうと、思想であろうと、技術であろうと——を生けどりにして、道具にするのもよかろう。

ル・コルビュジエのモデュロールはこの道具の一つであり、それが人間の体の寸法を基準としているのは、空間が、あくまで人間のものであることから逸脱しないための安全弁でもあるのだ。

建築が構想の世界から社会的な存在となったとき、それは自分の分身であるにもかかわらず、他者として、建築家の構想との間に激しい闘争を起こすものだ。

このかかわり合いの過程の中で、建築家の「構想」はより確かなものとなり、彼の世界観はより豊かなものとなる。たとえば、われわれがPilotis, Coreなどの技術を用いる場合、これらの技術が、設計の過程で建築の言葉として使用され、さらにそれが実現すると、社会的言葉として建築家にはね返ってくる。

建築の言葉としてのPilotisは、「柱によって一階部分を吹き放しにする」という機能的・形態的・技術的カテゴリーの意味しか持たない。しかし、一たんそれが社会に「実現」すると、それらは社会と不可分なかかわり合いの中で、建築家に対する他者として、むしろ建築家におそいかかってくることさえあるのだ。

このように、建築を実践するという一つ一つのプラグマティックな反応から都市・社会をつかまえていこうとするやりかたを、「外延的方法」といってもよい。この「外延的」な方法の中で、建築的な言葉としてのPilotis, Core, Flexibilityなどがどのような都市的・社会的広がりに対応し、どのような限界を持っているかを確かめることができるだろうし、またこのような実践の中から新しい概念を発見することが可能であろう。

このような「外延的方法」と同時に、「内包的方法」とでもいったらよいようなアプローチもある。「内包的方法」は都市の全体像を仮定することから始まる。

これからの人間の社会環境はどのような姿であるべきかを設定することは、いわば、未来を科学することだといってもよい。建築家はまず、豊かな、鋭い世界観に立って未来の社会環境を洞察すると共に、常に各分野の専門家の将来への分析・統計的予想・哲学的洞察に耳をかたむけ、そこに意味するものを空間に反映させなければならない。

建築家の描く未来都市の構想は、「仮設モデル」として他の専門分野に投げかけられる触媒だといってもよい。仮設モデルに内包されているいくつかのシステムは、分野の異なる専門家の間に討議を可能にし、科学を可能にする共通の言葉に育てることが可能である。

未来都市の構想が、たいていの場合きわめてラフなスケッチであるのは、実は意味のあることなのだ。都市の「仮設モデル」において発見される言葉は、そもそも建築的な密度を必要とするものではない。ある場合には現在の都市の矛盾を明らかにする「地獄絵」であり、ある場合は覆いかくされた人間の欲望をあらわにする「極楽絵」なのである。ともすると見落されがちな都市の根本的なありかたを図式化することによって、共通の言葉を発見することこそ目的なのである。

たとえば、ある地区の再開発計画案が提案されたとしよう。ところがそれが都市の全体像の構想に結びついていなければ、将来そのシステムがどう発展してわれわれの社会環境・都市環境をどのように形づくるのか説明することはできないし、むしろ数年後に都市のガンになることさえあるのだ。われわれが求めなくてはならないのは、人間的なスケールの空間の将来のイメージであるのと同時に、人間集団全体の未来の環境の全体像なのだ。

都市の仮設モデルに内包するこれらのシステムが、実践を通じて内包的に発展し、建築的な言葉・技術に肉迫するとき、建築家は「内包的方法」を自分のものにすることができる。たとえば私の場合、いくつかの仮設モデル（新東京計画、垂直壁都市、農村都市、新首都計画）の中で得たシステム、「チェーン・クラスター」「連結杆（コネクター）」「使用空間と被使用空間（設備空間）の独立性」「生活のサイクルと構造のサイクルの同調システム」「スペース・フレーム」「サイクル・トランスポーテーション」等々は、それぞれ建築の言葉のレベルに肉迫できる可能性をもっていると考えているし、そう努力することが私のいう「内包的方法」である。

都市は、建築とは比べものにならないほど、長時間のプログラムによって建設される。建築家の都市の構想が社会に実現するのは、その建築家の生涯のうちにはあり得ないことが多い。しかし、建築家の構想が仮設モデルとして都市設計の言葉を生み、また建築設計の言葉として定着したときには、それは社会全体のものとして受けつがれていくのだ。

〈メタボリズムの概念の導入〉

現代の社会は激しく変動しているといわれる。そして未来の人間環境は、さらに激しく変わるだろうといわれている。何がどう変わりつつあるのか、そしてなぜその変動が生ずるのかを分析し、洞察するということは非常に困難なことであろう。

科学・技術の進歩、これは、いうまでもなくいちじるしい現象である。われわれは、エレクトロニクスを始めとする技術や、原子力エネルギーの発展を身近に感じているし、たとえば自動車一つとってみても、その増大が、いやおうなしに都市構造の変革をせまっているのを知っている。また、ソ連・アメリカを中心とする宇宙ロケットの開発は、人類の空間に対する実感を変え、意識にも影響を与えた。

物理的な社会環境の変化は、今までは長い歴史の中で感じられるものであった。社会のメタボリズム（新陳代謝）というリズムも歴史の中で認識されていたにすぎない。ところが、現代の科学・技術の進歩にともなう人間の社会生活の変化は、異常なスピードを加えてきた。そのため新陳代謝のメカニズムは、過去の社会構造の残渣に引きずられてスムーズに動いていない。

すなわち、われわれが感ずる社会の動き、都市の動きは、生命系のもつ「新陳代謝」とは縁遠いものであり、生命のリズムにあるようなシステムを持っていない。このことが、現代社会に大きな混乱を生ぜしめている一つの原因であることを知らねばならないだろう。現代の社会生活が引き起こしているこの混乱を、あるべき新陳代謝のシステムにのせることができなければ、われわれは機械文明における人間の主体性をとりもどすことはできないだろう。

ここでいう「新陳代謝」を「人間社会の物質系（環境構造・都市構造）が熱力学的平衡状態へ向かって変化してゆく道筋において現れる秩序―動的安定（ダイナミック・バランス）の状態」と定義する。

これを都市の系の中における移行状態としてとらえてみると、熱力学の第二法則、すなわち「動的安定な秩序的構造体系（新陳代謝する都市の系）は、それとその環境とを包括した全体系がエントロピー増大の方向に向かって進化する」過程に矛盾しない範囲内の経路が幾通りでも可能である。

この法則は、生物の新しい諸形態が旧来の種や、先行する生物諸形態からいかにして生み出され、いかなる増殖過程をとるかを理解するためにも重要なものである。都市系を開放系と考えた場合には、プリゴジンの「非可逆現象の熱力学」における安定な定常状態を規定する法則を適用しなければならないけれども、その場合でも、「エントロピーの増大速度（生成率）が実現可能な他の状態に比べて最小（極小）である」という条件を満たしていればよい。

第一の手　エントロピー

都市構造体系の中に、ある秩序度の高い構造体、たとえば、塔状都市や垂直壁都市のような超建築をつくったとすると、その局所では物質配置が組織化されエントロピーは減少する。しかし、このような局所的なエントロピーの減少は、系全体の平衡状態への移行、すなわち現在の都市矛盾構造の分解を速やかに円滑に進めるための通路（あるいは、なかだち）の役割を果たすことになり、全経過を通じては、その構造体と環境を含めた全体系のエントロピーは増大の方向をたどり、一つの統一的有機体へ進化していく。

都市構造は、生命体そのものではない。しかし将来、都市の構造が生命構造の n 次近似の機能と構造をもつことは予想できるところである。それ故に、エントロピー概念の導入は「メタボリズム方法論」に必然的なものとなるのだ。また最近、非常な発展をなしとげているサイバネティックスにおいても、確率論をとり入れた熱力学を統計的に取り扱うことにより、情報の理論とエントロピーの理論を結びつけることが可能となり、これはあとで述べるコミュニケーション回路（交通・通

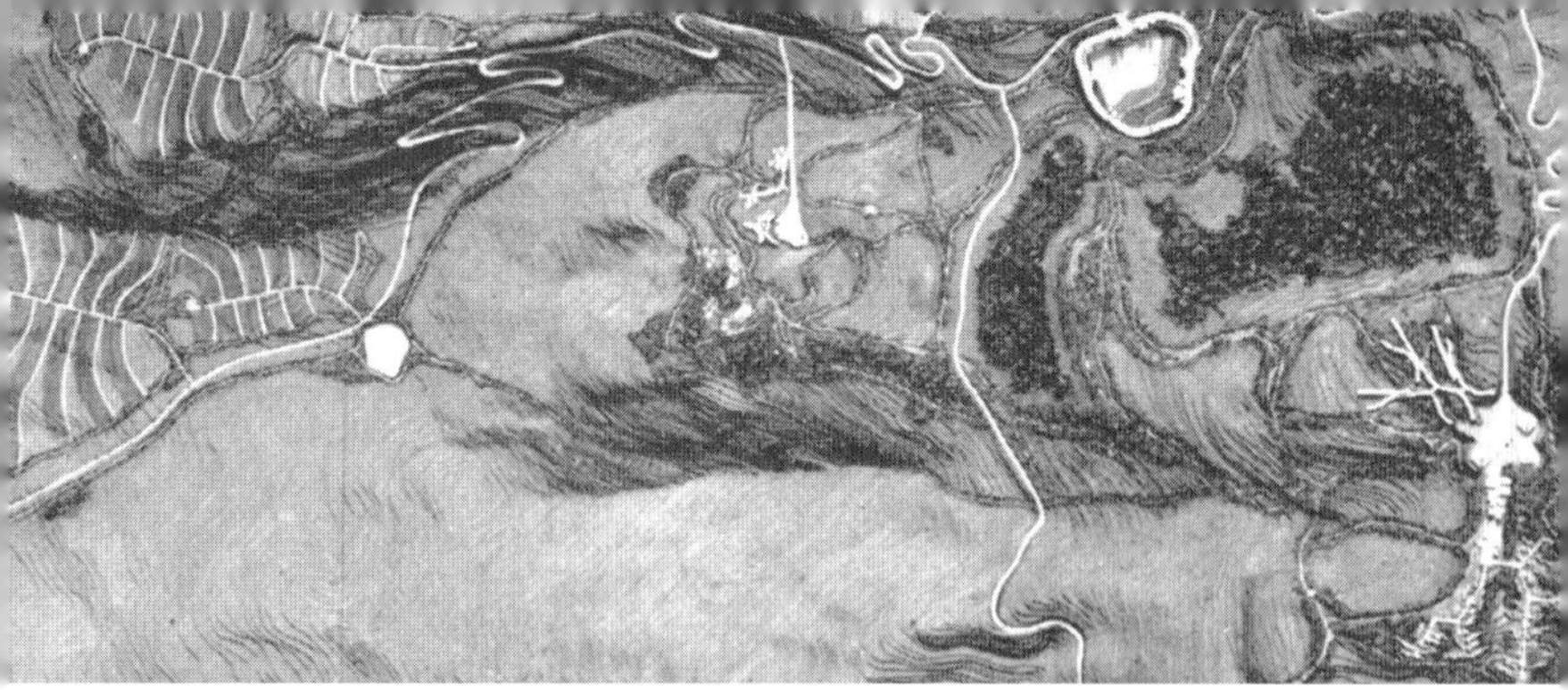

小田急・奥蓼科観光開発計画（1966 年計画）

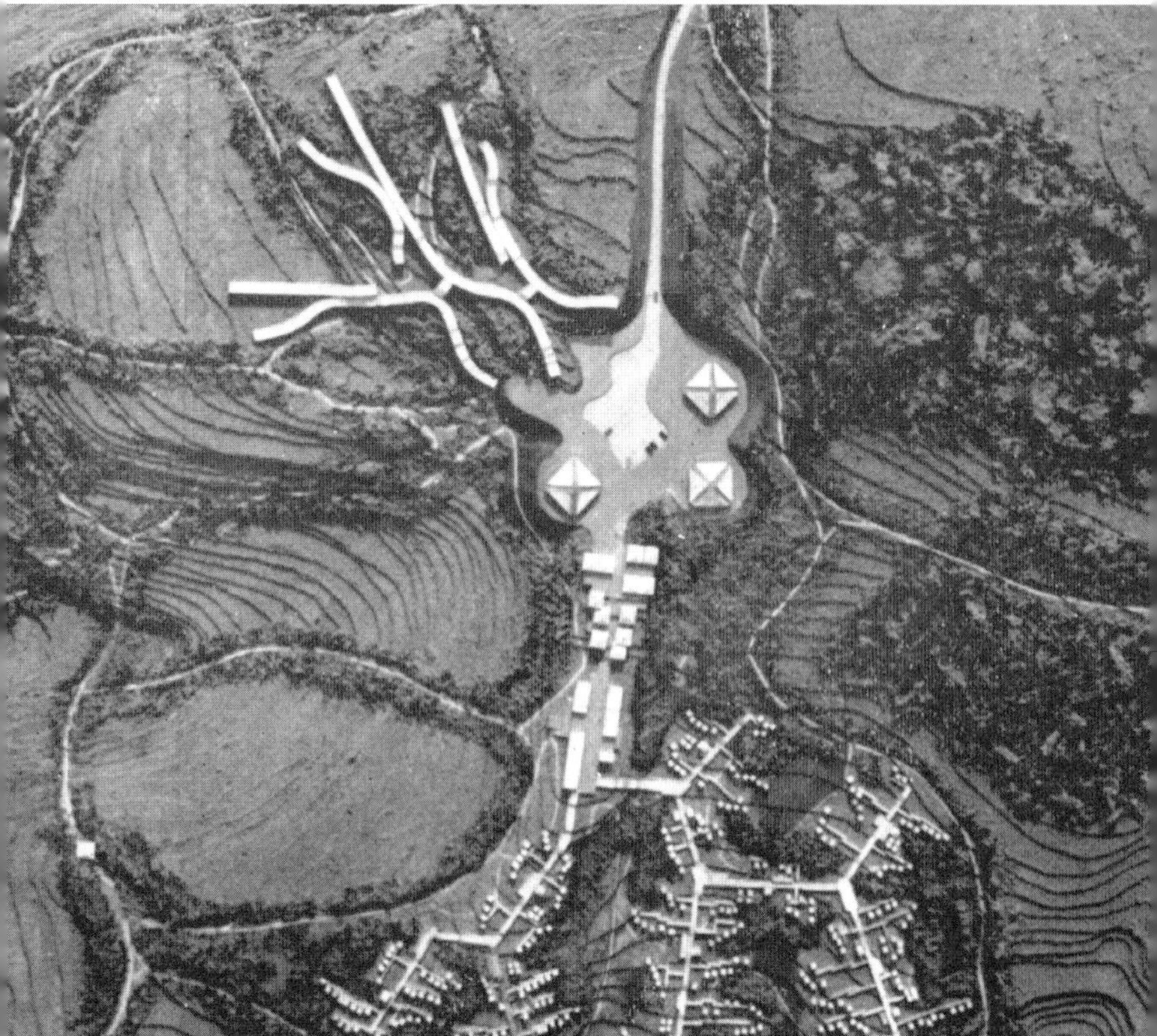

小田急・奥蓼科観光開発計画（1966 年計画）

山形ハワイドリームランド（1967年竣工）

山形ハワイドリームランド（造築計画）

信など）の「メタボリズム的展開」に役立つ。

以上、メタボリズムとは、構造体秩序の過程における「動的安定（ダイナミック・バランス）」の状態であること、そしてその進化過程はエントロピーの概念で説明できることを述べた。さらに私は、ここで「動的安定」の状態を別の側面から解明してみよう。

われわれは、回転体の安定の中にこの現象をみることができるが、人間社会都市構造の複雑な仕組みの中にも、数多くの回転現象をみることができる。そしてそれらは、人間の生活内容、宇宙の仕組み（自然の仕組み）と同調して、時間的なリズム（サイクル）となって表われている。

アラン・レンベールによれば、生命のリズムには、「外因性のリズム」と「内因性のリズム」がある。外因性のリズムとは、外部環境によって規制されるリズムであり、内因性のリズムとは、生体に本質的に存在するリズムである。人間の昼夜のリズムは、ほぼ内因性のリズムであり、その周期は、将来とも基本的には変わらないものと思われる。そこで、人間の二四時間リズムを基本とする都市の組立てが、まず内因性リズム認識の第一歩となろう。

ところが、週リズム・月リズム・年リズムといわれるものについて考えると、これは歴史的な慣習による社会規制であって、本質的に「内因性のリズム」というわけにはいかない。週七日制・月三〇日制・年三六五日制のリズムも、将来さらに機能的な数列系に置き換えられる可能性があり、都市の未来像に、週リズム・月リズムの構造を固定することは正しいといえない。フランスの社会学者カヴェニヤックは、一世代を数えるのに、「ある事件の当時生きていた人が、その事件後に生れた人々に対して過半数でなくなるにはどれくらい時間がかかるか」を基準にして、三〇年というリズムを出している。

私はこの世代リズムに関して、さらに人間の生活形態の変化の節が二〇〜二五歳（独立点）、五〇〜六〇歳（生殖機能停止点）、七五〜八五歳（生命停止点）にあることから、二五〜三〇年リズムが、基本生活空間（住空間など）の新陳代謝リズムとなることを述べたことがある。

またこれらのリズムは、都市構造の各部分の耐用年数（材料の耐用年数と同時に、空間の社会的な耐用年数についても）についても考えなくてはならないだろう。この構造耐用年数リズムは、外因性のリズムであることが多く、常にその環境から影響をうけるけれども、前にのべた「世代リズム」のもう一つ上のオーダーとして、半世紀〜一世紀（五〇〜一〇〇年）リズムを考えるのが適当ではないかと思っている。たとえば、都市構造の骨組部分はこのリズムの新陳代謝をすると考えてよい。さらにわれわれの用いる道具・設備（たとえば家庭用道具、自動車）は一〜五年の耐用年数リズムが適用されよう。

第二の手「リズム」（サイクル）

この手は新陳代謝を創造の技術に結びつける重要な概念である。建築は単一の機能に対する空間とは限らない。むしろ、ほとんどの場合多目的の機能が要求される。そのとき注意しなくてはならないのが、それぞれの目的空間のリズム間にあるデカラージュ（くいちがい）であり、また建築の目的空間と設備空間の間に生ずるデカラージュである。これを正しいリズムにのせる技術として、「設備コア・システム」に代わる「設備付着システム」が考えられるようになる。ルイ・カーンのペンシルベニア大学研究所では、マスター・スペース（目的空間）とサーバント・スペース（設備空間）が、デカラージュを生じないように、それぞれのリズムの設定の中で空間的に統一されているのをみる。新東京計画・垂直壁都市・K邸計画案・K事務所計画案でも、私はこのリズムの理論と付着設備のシステムを採用した。

建築空間から都市空間にまで適用されるリズム（サイクル）が一つの社会生活の回路をなすとき、「新陳代謝」すなわち「動的安定」が獲得される。

第三の手　「連結杆（コネクター）」

「生物系の物質的な面は、一種の機械の骨組と、連結杆にほかならない。その特殊な機能はエネルギーの交換を営むことであり、成長と同化作用は酵素によって促進されるエネルギー変化から成る新陳代謝を達成する手段である」。

これは、J・D・バナールの言葉である。彼の言葉をまたずとも、それぞれの新陳代謝のリズム（サイクル）を一つの有機体に総合するには、それらをつなぐなんらかのシステムが必要であることは明らかであろう。しかもそのつなぐ行為には、複雑な機能をともなう。それを満たすのが連結杆である。

人間の「歩く」リズムから、自動車による「走る」リズムへの速度の変化を吸収するためには、当然広いオープンスペースか、機械的な施設を必要とする。都市構造に含まれる人間社会のさまざまな情報とエネルギーはこの連結杆を通じて、それぞれのリズム（サイクル）へと伝達される（これを以前アーバン・コネクターと呼んだ）。

フランスの数学者であり経済学者であるG・Th・ギルボーは、彼の著書「サイバネティックス」の中で、「回路と環」について述べ、その結節点の機能に「始発・中継・連繋・増幅・変調」を上げている。私は連結杆（コネクター）の機能にも、ギルボーのいう、「始発・中継・連繋・増幅・変調」があることを指摘しておきたい。

スピードの変換は、ある意味で「増幅」「変調」であろうし、住空間から社会空間までの連結は、それが一人の人間の精神の問題を含めた情報の「中継」かも知れないし、あるいは社会空間への社会的感動への「増幅」の過程かも知れない。設備コアーを連結杆として目的空間をつないだり増築していく場合にも、エネルギーの「連繋」「中継」「変調」が考えられる。

新東京計画の際のバンブー・コミュニティは、スピードとスケールをそれぞれ、人間的な尺度に「変調」する連結杆として考えた。ルイ・カーンのフィラデルフィア再開発計画における塔状の建物（自動車の港）、ペンシルベニア大学研究所の中央階段を含む現場打ちの建物なども、この「連結杆」とみなすことができる。

さらにこのコネクター（連結杆）の系列を考えてみると、それには一次・二次・三次元のコネクターを考えることができる。たとえば柱とか、電車の連結器（通路の蛇腹部を別にして）は一次元のコネクターであり、ここでは空間は切断されながら「連繫」されている。二次元のコネクターには、壁・床などが考えられる。これは、設備のベースとしてエネルギー（電気・ガスなど）の「始発」であり、開口部「弁」があれば、人やスピードの中継をすることもできる。三次元のコネクターは、コネクターが一つの空間をなす。そこでは都市系のエネルギーは建築の系へ変調され、中継され、都市系スピードも建築的スピード・人間的スピードへと変調され、都市の土木的スケールは、コネクターのもつスケールで中継されて建築的スケールにつながれ、都市の中にスケールの動的秩序をつくる。また人間自身の精神もそこで次の空間へと変調される。この連結杆のシステムと、リズム（サイクル）の理論は、必然的に空間の質を限定する方向に導く。

ミース・ファン・デル・ローエは、抽象的なユニバーサルスペースを獲得することによって、空間の均一化による無限定性にアプローチした。このミースの無限定空間は、習慣的社会の残渣にひきずられて常に新しい生活の質に対応することができなかった。特に保守的後進社会では、無限定であるということは、どうにでも使えるという後向きの生活態度と結びついてしまうこともある。リズム（サイクル）の理論と連結のシステムは、これに対して空間を限定し、連結杆（コネクター）を媒介として交換性を高め、新陳代謝を可能とする。すなわちコネクターに、中継・連繫・増幅・変調・始発の機能をもたせることにより、都市の系・建築の系は「フィード・バック」の機能をもつことができる。

第四の手　コミュニケーション（回路）における「二進法」

われわれの都市生活は、コミュニケーション（交通・輸送・通信などを含めた広い意味の）を除いてはあり得ないし、今後さらにその役割は重視されるだろう（都市のフレームを形成するものとして）。このコミュニケーションが複雑（定量的にも、定性的にも）になると、われわれは、人間の判断によらない方法を考え出さなければならなくなる。たとえば、電話の回路化・石油化学のオートメーション化は、このことを物語る事実である。この傾向は、交通・輸送の面にも今後取り入れられてくるに違いない。

そこで私は、都市のコミュニケーションを「人間判断のコミュニケーション」と「二進法コミュニケーション」に分けて考えたい。

将来、オートマティックコントロールが可能な範囲のコミュニケーションは回路化され、サイバネティックスにおける情報の理論（エントロピーの理論と一対一に対応する）の適用されるような回路へと発展する。そしてこの場合、「イエス・ノーの二進法」による回路が最も便利であるといわれる。これは人間の神経系統の生理学的過程が、すべてイエス・ノーを基本としたものであり、記憶その他の脳の機能もおそらくイエス・ノーの選択の中での特別な組合せによるものであるという事実と比較できよう。

たとえば人間交通について考えれば、オートマティックコントロールが可能になる大量輸送交通、プッシュボタン式（行先を指示すれば オートマティックコントロールで 目的地まで 行くような）自動車などは「回路化」され、「二進法コミュニケーション」になるだろう。そして一方では依然として、三進法、一〇進法などによる無駄な交通が、歩道・人間判断を許すレクリエーション自動車道などには積極的に用いられるべきだろう。これは都市が、今後徹底的に機能的なシステムを必要としながらも、一方では最も人間臭いスペースを必要とするということと対応する。

物資・エネルギーなどの 輸送系統については、「二進法コミュニケーション」が対応することが多い。人間判断を許す交通についても「サイクル・トランスポーテーションシステム」が考えられてよい。これは、A点からB点を結ぶ交通系統としてその間に個のサイクルを考え、連続的に回転するクサリ状のサイクルのつなぎ目で乗りかえるシステムであり、つなぎ目にコネクター（連結杆）を必要とするが、全体系として常に連続的な動きを可能にする。

このように高度に秩序化されたシステムは、科学技術の発達により近い将来可能になるものであろうが、われわれは、これからの社会になぜこのような高度の秩序を求めるのだろうか。この理由の一つに、私は地球上の資源とエネルギーと人口のありかたを上げなければならない。これに関して、カリフォルニア大学の三教授、H・ブラウン、J・ボナー、J・ウェアーは興味深いデーターを示している。

第五の手　「コンパクト空間」と「遊び（すきま）の空間」

鉄の消費量は、その国の生活水準を表わすといわれる。鉄が始めて作られるようになってから現在までに、人類が生産したのは総額六〇億トンである。しかもこのうち、二五億トンは失われて回収されていない。

一方、現在アメリカで一人当たり一年の鉄の使用量は九トンである。すなわち、ざっといってアメリカ並みの生活水準を保つには、一人一年九トンの鉄を消費するということである。社会の工業化に伴い、この消費量はますます高まり、アメリカでは今世紀後半では、一人一年間に一五トン、一世紀後には一人一年一〇〇トンに達すると予想されている。

またわれわれが、一トンの鉄を動かして社会で仕事をさせるためには、毎年約一トンの石炭に相当するエネルギーを消費しなければならない。年間一人当たり九トンを消費しているアメリカでは、年間一人当たり八〜九トンの石炭に相当するエネルギーを消費しているし、将来一人当たり一〇〇トンの鉄を消費する時代には一人当たり一〇〇トンの石炭に相当するエネルギーを消費することになる。

たとえば、現在の地球上に住む人々を、すべて現在のアメリカの生活水準に引きあげるという、きわめて当然の目標といいたいような状況を想像してみると、これを実現するためには、地球上から一八〇億トンの鉄、三億トンの銅、三億トンの鉛、三億トン以上の亜鉛、三、〇〇〇トンの錫、その他大量の各種金属・非金属をとり出さなければならないことになる。一八〇億トンの鉄は十分上質鉄鉱としてあるといわれるが、それ以外の資源はとり出し得る埋蔵量をオーバーしているし、これらの生産のために五年間に二倍という急激な成長率を獲得せねばならないことになるのだ。

さらに他方で、われわれは地球上の人口問題に目を移す必要があろう。現在の人口は二六億で、その増加率はアメリカで一・八%、多い国では台湾三・五%、コスタ・リカ三・七%、平均一・八%である。この数字を実感するために、台湾の率で増加した場合四五〇年後に地球上がどうなるかを計算すると、地球上のあらゆる陸地の表面三〇センチメートル角に一人(11人/m²)という殺人的密度となる。これを現在の平均一・八にとってみても、一〇〇年後には七〇億(現在の約三倍)になるのだ。そしてこの七〇億という予想は、各界の専門家のひかえ目な値であることを忘れてはならない。

地表面の絶対面積の不足(さし当たりは、適当な生活条件に合う地域の不足)は、さし当たり驚くに当たらない。われわれは都市を空中にのばし、またコンパクトにつくることもできる。ところが問題なのは、地球上の資源である。先程の計算は、現在の人口でアメリカの水準にまでわれわれ人類が向上するためにも、いちじるしい困難があることを示している。さらに人口が七〇億になったと仮定すると、アメリカ並みの生活水準を保つために総計六三〇億トンの鉄を消費し、六三〇億トンの石炭に相当するエネルギーを消費しなくてはならない。しかも、生活水準は将来当然向上するものであり、工業社会化が進む一〇〇年後には、一人年間一〇〇トンの鉄の消費が予想される。すなわち、総計七、〇〇〇億トンの鉄の消費と、七、〇〇〇億トンの石炭に相当するエネルギーを必要とする。

この状態で人類が生存しようと思えば、超高性能に工業化された社会であり、超高性能なコミュニケーションのシステムと、超コンパクトな物質系を必要とする。別のいい方でいえば、「いかにしてエネルギーと情報の無駄をはぶき、資源の回収能率を高めるか」ということであり、この社会を動かすエネルギーは、必然的に原子力エネルギー以上のものであるということだ。予想される将来の社会は、「機械文明による人間性の消失」というセンチメンタルな反抗からは獲得されないのだ。

現在の機械文明・メカニズム・工業化はまだまだ問題にならないほど原始的な状況であり、これを高度化することはわれわれの急務であることを、特に都市計画に当たる建築家は心得ねばならないだろう。

以上、私はギリギリまで高度化すべき社会の物質系、コミュニケーションシステムを強調した。これが、まず人間が生きのびるための基本条件である。さて次に、人間が上に述べた基本条件を満たし得るとして、足りないものはないか。これは、人間が人間たるための人間条件なのだ。これを私は、高度化工業社会における「間（遊び）の空間」の中に求めたい。

古典ギリシャの中心観念は、「存在」であった。中世のそれは「神」であり、ルネッサンスでは「自然」、一七世紀では「自然法則」、一八世紀では「個人」の問題が中心となり、そして現代では「生」の概念が、他のなにものにもまして人々の世界観に影響を与えている。

人間が自分の住んでいる世界の中で、どこまでも異邦人でしかあり得ないという現代人の恐怖、すなわち自分の個性が破壊され、自分をいやおうなしに自分の自我から疎外された人間にしてしまうような条件のもとに生きているのだという恐怖が、近代人の思考の底にある。これをパッペンハイムは「人間疎外の意識」と呼ぶ。そして、この「人間疎外の意識」の時代背景が、実存主義や哲学・プラグマティズムを魅力的なものにしていることは疑いもない。

「文化が総合的なそれ自身の形式を持つ時代」は終了した。われわれは「形式を拒否するエネルギーこそ積極的な生への衝動」であり、創造のエネルギーであるような時代に生きている。

私は世界デザイン会議のゼミナールにおいて、「ユニバーサリティーを成立させるものは、人間の個性である」と述べた。われわれは、国際性（インターナショナル）という概念を知っている。この概念は、民族意識と国家意識の反作用の中で獲得されたものである。これに反して多種多様な民族を一つの目的意識につなぐ社会主義圏、そして、アジア・アフリカに起こりつつある一連の動きの中には、民族意識・国家意識を越えた「生への衝動」を感ずる。この「生への衝動」を、私は「人間の個性」といったのである。それはギリギリの「人間の個性」であって、「様式の個性」ではない。

われわれはいち早く、高度な工業社会を作らねばならない。そして、それが高度な秩序のコミュニケーション・システムの中で成立するものである以上、必然的にユニバーサルなものであろう。むしろ、同一の天体上に住むわれわれが共有の資源を共有の秩序の中で使い、苦しみと喜びを相分ち合うことを積極的に進めることこそ必要なのである。

このギリギリにまで高度化された工業社会が要求されればされるほど、われわれは「生への衝動」を強くするであろうし、この人間のギリギリの「個性」は、個人を反映するものでなしに、時代を反映する「個性」となるだろう。この「生への衝動」を反映する「時代の個性」こそユニバーサリティーなのだ。

逆に言えば、ユニバーサルなシステムの中に、いかに「生」を持ち込むことができるかということであり、それがいかに都市の回路化されたコミュニケーションシステムの中に「間（遊び）の空間」を挿入するかということなのだ。

高度に秩序化された都市は、同時に魚釣りを楽しみ、虫の音をきき、スポーツを楽しむ都市でもなくてはならない。高度に機能化されたオフィスや工場は、同時に自由な思索の場であり、あそびの場でなくてはならない。しかしこの両端を妥協的に調和させることからは、近代都市は創造されない。

この両端は、最もドラマチックな対照的な空間関係の中に緊張感を獲得するのだ。たとえば垂直壁都市は自由な思索の場であり、あそびの場であり、生活の場であり、魚釣りの場である。そして垂直壁都市の屋上を走る交通機関は、通勤交通であると同時に、ジェットコースターでもあるわけだ。

この両端の概念、すなわち「節約されたシステム」と「間の空間」、「メカニズム」と「生の衝動」、「ユニバーサリティー」と「個性」という両極は今までいい古されてきた「技術と人間」、「テクノロジーとヒューマニティー」という言葉を、「メタボリズム」という概念のフィルターを通して見なおしたものともいえる。しかし、ここには「機械」と「人間」の間、「科学」と「哲学」の間に宿命的・根元的な矛盾があるという認識はない。

湯川秀樹が論ずるごとく、現代こそ「科学」と「哲学」は一つの系をなす時代なのだ。「メタボリズム」の概念――秩序的構造体系の動的安定の状態――には、そもそも二つの両端「生々流転」と「永劫回帰」が同時に含まれているのである。「生々流転」は新陳代謝のシステムであり、すなわち都市の構造を決めていくシステムに対応する。そして、「永劫回帰」はその中に流れる「生への衝動」であり、ルイ・カーンのいう「リアライゼーション」といってもよいだろう。

第六の手　「新機能主義―実験の精神」

教条化した「機能主義」は、すでにわれわれにとって魅力のないものになってしまった。ところが、現在ほど新しい「機能主義」を必要としている時代はない。われわれの都市・建築は、新しい機能を獲得しつつある。激しく新陳代謝する現代の空間に機能する建築を創ること。その意味で今こそ「機能主義」の旗印のほこりを払って高々とさしあげるべきときだ。

ル・コルビュジエにしろ、ミースにしろ、ロジャースにしろ、「機能主義」から出発したことに間違いはない。むしろ、そのスタートにおいて「輝かしき新しい時代の機能の謳歌」が彼等のエネルギーであった。ただ、コルビュジエやミースやロジャースの「新しい時代の機能」は、われわれにとってはあまりにも教条化された「古い時代の機能」である。そして彼等の現在の作品は、シャンディガールにしても、トレ・ベラスカにしても、「実験の段階」というよりは「古典の段階」であり、「洗練の段階」であり、あるいは「バロックの段階」である。

芸術の発展段階が、「実験の段階」「古典の段階」「洗練の段階」「バロックの段階」を経過するというアンリ・フォションの説は、同時にギリシャ彫刻における「アルカイズム」「フィディアス」「プラクシテレス」「ヘレニスティック」であり、ゴチックにおける「一二世紀後半」「一三世紀前半」「一三世紀後半から一四世紀」「一五世紀」であり、日本の仏教彫刻の「飛鳥」「白鳳・天平」「藤原」「鎌倉」である。

そして「実験の段階」に共通していえることは、むきだしの素材であり、本質的に構造的なものの中に、その時代の精神（個性）があるということなのだ。これこそまさに「機能主義」といってよい。われわれの時代が将来、アンリ・フォションのいう、四つの段階を経て発展するかどうかは不明である。むしろ永久に「実験の段階」なのかも知れない。しかし、とにかくわれわれは新しい時代の転機に在り、その意味で「実験の段階」にいるのだということを忘れてはならない。

私は「メタボリズム」の概念の中にある「永劫回帰」、すなわち「生への衝動」を軽視しようとは毛頭思っていない。しかし、「生への衝動」の問題が個を通して全体に感動を与えるものであるのに対して、「生々流転」は全体に共通の秩序であることによって個に帰ってくるものである。そしてこの両者は、常にお互いを胎内化しながら存在しているといってよい。建築家の造型力を通じてせまってくる迫力、これはいってみれば「生の衝動」のあらわれである。しかし、その底に生々流転する機能のシステムが胎内化されていなければ、われわれの時代のものではない。

第七の手　「個人単位」と「活動集団」

未来の人間社会の環境を想定する場合、「人間対人間のコミュニケーション」が「物質系のコミュニケーション」と同時に基本的な問題となる。「人間対人間のコミュニケーション」の問題は、「タテのつながり方」の問題と「ヨコのつながり方」の問題に分けられる。「タテのつながり方」の問題は家族の問題であり、親と子供の問題である。

今まで都市計画の基本的な考え方の中には、「家族」という基本単位があり、それが近隣住区計画の中心になっていた。そして戦後「家族」単位に代わって「夫婦」単位の考え方が一般的となっている。そしてさらに今後は、夫婦単位の社会は個人単位の社会にまで分解していくのではないかと考えている。

つまり、「夫婦」という単位は、「契約中の男」と「契約中の女」という関係に置き換えられ、「独立不可能な子供、または子供群」と「独立可能な子供」（これは契約可能な男と女になる前の段階）もそれぞれ独自のスペースをもつようになると考える。この場合、夫婦の社会的生活が成立するのは、その男女がそのための場所に会合する（長期会合もあろう）か、どちらかの単位がそのためのスペースを余分にもっていることになる。そのような社会的な夫婦の生活のスペースをもつことが、契約中の男女の義務となるであろう。そこで、「契約中でない男や女」の単位は、公共の施設、または大自然の中で愛を語るというわけだ。

「独立不可能な子供」は公共施設の中にそのスペースがあって、子供を育てることはそこへ親が出向くことによってなされる。もちろん子供をもつ夫婦のどちらかのスペースに子供の家庭教育のスペースをもつこともあるだろう。その「タテのつながり方」を有機的にするものは、親子・兄弟・夫婦の愛情であり、それらはばらばらな個人の空間の出あいによって、より根元的に深まるに違いない。

「ヨコのつながり」の関係は、今まで「コミュニティー」という概念で言われてきたものである。前にも述べたように、現代のムードは「疎外の意識」である。われわれは、古典的・中世的な意味でのコミュニティーを既に消失している。中世の宗教が人々を結びつけていたような、精神的コミュニティーもむろんない。「地域制社会」「犠牲社会」（ゲマインシャフト）といわれる社会から、「活動集団」「職域社会」「利益社会」（ゲゼルシャフト）への移行はきわめて急速に進行している。

さらに、コミュニケーションの組織が高度化されると、社会的空間は、フォン・ヴィーゼやデュルケムのいうごとく「心理的空間」「社会的人口密度」（精神・物質の交換のはげしさ、協同の能率、個人の凝着の程度）を尺度にしなくてはならない。そして、それらの社会集団が経済機構の中で「パーマネント・アタッチメントでない都市の仕組み」を考えなくてはならないだろう。たとえば、垂直壁都市で考えた垂直の壁は、アタッチメントベースとして、各種の「活動集団」「職域集団」がとりつけられ、一つのメカニズムの中で新陳代謝していくのである。

第八の手 チュクチ人的創造へ――「第三階級消費」と「第四階級消費」

フランスの社会心理学者、ガストン・ブートゥールは現代における社会の階級を四つの階級に分けている。すなわち、「第一階級―農民」「第二階級―産業労働者」「第三階級―知識人・技術者・組織者・研究者など」そして「第四階級―破壊活動にたずさわる人、何らかの形で戦争の準備に関係している人」。そして、人類史上というより生物系の歴史の中では、周期的に「弛緩的振動」をおこす現象、すなわち流行病・戦争による人口の突発放出的減少が生ずると述べ、衛生的にも経済的にも「柔軟性のない構造」をもってきた現在の人類社会は、非常な緊張的恐怖感の中で、どんどん戦争(「第四階級消費」と名づけることにする)のための準備をしつつあるのだと説く。

まさに地球上で「第四階級消費」が突発すれば、人類は最大の「弛緩的振動」の末、滅亡するに違いない。アメリカの例をとってみても「第四階級消費」準備のための資源の消費が、国の消費の四分の一を占めるといわれている。一方、東北シベリヤのチュクチ人の行動の中に、われわれの学ぶべきシステムを発見することができる。すなわち、チュクチ人たちは、隣の村と戦争する場合には、自分たちの犬ゾリや村を赤々と燃やすことによって争う。立派な財宝がめらめらと燃える焰が、より高く、より赤く燃えたとき、彼等は凱歌を上げるのだ。

現在、われわれの地球上の資源がいかに大切であるかということは前に述べた。そして、宿命論のごとく述べられる弛緩的振動（戦争）による人口の減少を否定すべきことも当然である。そして、さらにはっきり言えることは、これからの環境の創造・都市の創造が、「第四階級消費」の準備を許さないほどにばく大な資源とエネルギーの消費を必要とするものであり、この「第三階級消費」とでも呼べる消費による高度化された工業社会は、相対的には資源の節約となり、相対的な人口の減少に等しいのである。

「第三階級消費」の原動力となるべきわれわれは、今こそ都市の構築に、心あらためてたっぷり消費することの訓練をしなくてはならない。そしてそのことによって、「第四階級消費」をさせないことが、平和への道に通ずることはいうまでもない。

メタボリズムの方法論（その二）

〈作業仮説〉

設計作業の段階を四つに分けてとらえると、

原　象（Proto image）　すがたづけること
原　型（Archetype）　はたらきづけること
典　型（Prototype）　かたづけること
造　型（Design）　いみづけかたちづけること

となる。ここでいう作業の段階とは、必ずしも原象が、原型・典型を経て造型となることを意味するのではなく、造型から原象へのはね返り、あるいは各段階間の反作用・可逆反応もある。
　メタボリズムの概念は原象を支えているものであって、方法論はこの設計作業の段階とからんででてくるのである。垂直壁都市・丸の内再開発計画・農村都市計画・東京計画　一九六一——Helix

計画などに描かれる設計作業の段階を、原象操作、つまりすがたづけの段階と考える（かたちづけではないことに注意）。この操作を刺激する仕掛け、あるいはモメントとなっているのが、次の六つのメタボリズムの言葉（概念）である。

群　化（エントロピー・単位・確率・多様性の概念を含む）
結　合（コネクター・重合・共存・媒介・変換・増幅・切断の概念を含む）
成　長（増殖・交換・分裂・破壊の概念を含む）
効　率（速度・密度の概念を含む）
刺　激（触媒の概念を含む）
流　動（情報流移動の概念を含む）

都市や建築は、群化と成長のプロセスそれ自体であって、そのプロセス内部に結合・効率・刺激の反応が繰りひろげられている。いずれにしても、この六つの言葉が強く原象操作に働きかける。しかし、いずれの言葉も機能構造（はたらきかた）を示す機能概念である。そこで次の段階で機能概念の実体化・象徴（いみ）の発見が必要になる。

建築とは（情報の）流動であり、都市とは流動の建築である。

今までの生活環境の形成のされかたからみて、建築を不動産と呼び、一度建てたら永久に変化しないものだという先入観がある。都市計画の方法にしても、マスター・プランという言葉があるように、固定的な道路計画と、用途地域制という地域のプランの決定があって、変化に対応するプログラムはなおざりにされがちであった。

しかし建築や都市の技術の進歩、特に設備機能の進歩の速度は急激である。建築を不動産と呼びながらも、建築の部分は既に動産化しているのが現状である。現在、取り壊されようとしている建築のうち、骨組はしっかりしていても、設備機能が使いものにならない例がかなりある。

建築を構成している部品や材料の耐用年数をみると、設備器具で四・五年というものから、鉄筋コンクリートの五〇〜七〇年にいたるまで、実にさまざまな変化のサイクルを持っていることに気付く。しかし、そのさまざまな変化のサイクルを持つ部品が必ずしも独自の構造を持ち、取り替えの「節」、「結合のシステム」を持っていないところに問題がある。

この変化のサイクルは建築空間の物理的な面だけではなく、建築空間自体の機能（はたらき）の変化や象徴（いみ）の変化としてもいえる。つまり便所・浴室・台所といった設備的空間や、子供室・個室の方が、居間よりは機能・象徴の変化という空間の質の変化を起こしやすい場合がある。同じように都市空間についても、住空間や人間の生活と結びついた歩道よりは、自動車道路・エネルギーのネットワークといった設備的な空間の方が、早い変化のサイクルをもっているはずだ。

この空間の変化について語るとき大切なことは、変化の目的をはっきりさせることである。住空間よりもエネルギーネットワークが早い変化のサイクルを持つと考えるのは、住空間が主体であり、エネルギーネットワークは、それを支える従空間であるからだ。自動車道路やエネルギーネットワークを都市の基本的な骨組として固定したため、主体である都市の生活構造が変化に対応できない「ひずみ」を起こすこともある。この場合も、都市の「主人公」と「召使い」の位置が逆転しているからであろう。

新しい社会の新しい生活のために、建築や都市を変化させることこそ正しい。空間の変化成長には、三つの仕方がある。一つは増殖、一つは交換、そしてもう一つは分裂。

空間を延長することによって、または新しい機能を付加することによって空間が変化する場合、それは増殖による成長といえるし、空間の一部分を取りかえることによって空間が変化する場合、それは交換による成長形態であり、新しい個体が分裂することによる分裂成長形態もある。個体の一部分を破壊して成長したり、突然変異的に成長する場合も一種の分裂成長形態とみる。

成長の概念は、群化と無関係ではない。新陳代謝する生物体は、進化論的にいえば「エントロピー増大へと移行するダイナミックバランスの状態」と定義することができるが、空間論的には、むしろ熱統計力学・確率論的な意味でのエントロピー増大のプロセスということができよう。つまり単純な構造体から、組織化と単位化によって判別し難い複雑な状況への移行を意味しており、空間に多様性と、確率処理的な方法が導入されることを暗示する。組織化と個性化が、お互いにお互いを媒介として進展することもある。

このようなプロセスを「群化」と表現したわけであるが、多様性というのはこのような「群化」の状態の中における個々の構成単位の「ふるまい」が多様であることを意味する。

広場、道路、あるいは都市のパターンという固定的な環境の視覚構造で、都市の生活構造をとらえることは不可能である。現在のわれわれの都市の視覚構造を決定しているのは、個々の生活空間単位の群的な「ふるまい」であり、「群化」のプロセスそのものであるからだ。

「単位空間」は「触手」「節」といった発展へのシステムを内包するか、あるいは「単位空間」をつなぐ媒介なくしては「集合」の段階にとどまり、「群化」のプロセスにはのらないだろう。「結合」「重合」「触媒」の概念の意味がここにある。

「単位空間」をつないでいくと、質的な転換を必要としないで次の次元の空間に到達できる場合がある。この場合には、建築的な空間処理で都市をつくることができるわけだ。セルトのパティオ都市は単位空間がパティオという触手によって都市を構成するものであるし、アルド・ヴァン・アイクの「住宅は小さな都市であり、都市は大きな住宅である」という言葉も、「単位空間」自体が「群化」への触手をもつことを前提としている。しかし「単位空間」をつないでいくと、必然的に質的な転換が生ずる場合がある。建築と都市との間には、スケール・スピード・空間の質の断絶があるという見方はここからでてくる。

しかし、これを人間と技術、人間スケールと非人間的スケール（土木的スケール）という絶対的な矛盾として二元論的にとらえるのは意味がない。なぜなら、質の転換はあるにしても、都市生活という人間の経験行為の中では連続する空間だからである。「結合」の概念は、この設定された二つの相の間に媒介空間を投入することによって、質の転換の実体を知ろうとするものである。

以上のような原象操作を経て、空間の象徴（いみ）を発見することができる。しかし、これがかたちになるには、原型と典型の段階を経なければならない。コルビュジエが、彼の時代「ピロティ」という実体概念の機能化をしたように、私はメタボリズムの概念の原象（Protoimage）から原型（Archetype）を引き出さねばならない。

群化・結合・成長という概念から引き出された「原型」の一つとして、まず、私は「媒介空間（コネクター）」を設定する。これは私が今まで「都市結合体（アーバン・コネクター）」「結合の建築」「連結杆」と呼んでいたものと等しい。群化のプロセスを、ただ多様性の表現とみないで、「単位空間」をつなぐ「結合のメカニズム」にその秘密があるとして、結合部分を「媒介空間（コネクター）」として機能化し、造型化への方法をみつけだそうとするのである。

また、成長のプロセスの場合も、その交換・増殖・分裂という成長のプロセスをその変化する連結部分、つまり「節」の部分に秘密があるものと考え、「媒介空間（コネクター）」の方法を導入する。

ピロティが「吹き抜けの柱」という図式で表現されると同時に、「媒介空間」は、設備壁・人工大地・設備梁・設備スペースフレーム・設備スペースといった空間を支える機能図式である場合と質の異なる空間の相の間に置かれる。中間スペース・結合スペース、あるいは積極的な切断スペースとして図式化できる場合とがある。厳密には前者を「結合体（コネクター）」および「結合空間（コネクター・スペース）」と呼び、後者を「媒介空間（メディア・スペース）」と分けた方がよいかも知れない。

原型化された「結合空間」「媒介空間」を現実の条件の中に投入すると、これによって結ばれる空間の各相はそれぞれ独自のふるまいをなし、空間の構造（かた）が明確になると考えられる。K邸・K事務所・農村計画で、原型は結合空間として追求されたが、志賀邸においては媒介空間として設定され、個室・設備室の自由なふるまいを造型化することができた。

二進法交通システム

流動空間（道の建築）

点刺激（拠点）

も、「原型」といってよい。二進法交通システムは、「効率」の概念から導き出されたものである。

鉄の消費量は、その国の生活水準を表わすといわれる。鉄がつくられるようになってから、現在までに生産された量は約六〇億トンである。一人当たりの鉄の年間消費量は、社会の工業化に伴って急激に進んでいる。

一方、地球上の人口問題に目を移すと、現在の人口は二六億であるが、一〇〇年後には現在の約三倍の七〇億人となると推定されている。この七〇億人が現在のアメリカ並みの生活水準を保つために、六三〇億トンの鉄と六三〇億トンの石炭に相当するエネルギーを消費するのである。人類が地球上で生存して行こうとすれば、当然工業化された効率のよい環境のよいシステムをつくる必要があるわけだ。

都市のコミュニケーションについても、人間の経験的な要素がはいってくる道路以外の道路・エネルギーのネットワークなどは、「効率」を考える必要がある。二進法は二者択一的な流れで、交通をわかり易く、計量化しやすくするのに役立つ。「サイクル・トランスポーテーション」「ヘリックス・トランスポーテーション」「三差交点交通」「直進禁止交通」などは、すべて二進法として導き出したものだ。

「サイクル・トランスポーテーション」は、それ自体が無限運動の流れの単位を連続させ、面的な流れにも、また線的な流れにもなるものであって、交通自体の「単位化」と「交換化」へも指向している。特に一方通行にすると結合部の交通処理がうまくいくので、交通量の増大・交通密度の増大ともなる。「ヘリックス・トランスポーテーション」は、「サイクル・トランスポーテーション」の立体的展開といえよう。

社会の変化に対応する「交換」のシステムを追求しようとするのも、成長の「効率」を高める方法と考えられるからであり、そのような「効率」のよい成長と変化は、常に市民の自由の意識と個性を反映させる。

全く新しい都市をつくる場合は別として、都市には必ず既存の秩序があり、既存の生活環境があり、伝統がある。保存すべき地域の再開発の方法は、全面的な破壊と全面的な建設とは異なる「刺激の方法」、つまり古い秩序を刺激して再生させたり、古い街並みをそのままにしたままで、新しい設備の秩序だけを挿入して、新しい機能を刺激するという方法もあるはずである。

既存の市街地と共存しながらも、新しい機能と秩序を見出す「刺激」として西陣労働センターの「道のシステム」が生まれ、ヘリックス人工土地が生まれた。「道のシステム」はまた、「流動空間(道の建築)」という原型(Archetype)からのアプローチでもあった。

都市計画の「近隣住区の方法」は、「地域集団」を基礎とした「閉鎖系の社会構造」に根ざしたものである。これに対して都市の生活構造は、急激に「活動集団」を基本とする「開放系の社会構造」へ移行している。固定的な地域や住区のパターンが無意味になり、流動する「活動集団」を支える都市のシステムを発見しなくてはならない。

成長・変化・群化というメタボリックな空間の動きの現象も、ただ、ばらばらな事象としてとらえているだけでは無意味だ。

成長とは、流動の成長であり、
変化とは、流動の変化であり、
群化とは、流動の群化である。

ここでいう流動とは、人の流動、エネルギーの流動、物資の流動、自動車の流動、経済の流動、風の流動、応力の流動、その他広い意味での情報の流れである。私が「建築とは（情報の）流動であり、都市とは流動の建築化である」と規定したのもここに意味がある。「流動空間」の原型は、この流れそのものに空間的価値を与える。道路は、今まで建築と建築とを結ぶ機能ではあっても、建築とは異なるものと考えられていた。建築のかたちが、そのまま道路の空間を決めていたのである。ところが「流動」そのものが建築であるとすれば、道路も建築であるはずだ。

道路の造型が建築の空間を暗示していく方法もあってよい。武田邸の設計において、動線としか考えられていなかった廊下に、「流動の部屋」という新しい機能（はたらき）と、象徴（いみ）を発見した。

「成長」「群化」「結合」「刺激」「効率」という原象は、「結合空間」「媒介空間」「二進法」「流動空間」「点刺激」という「原型」によって、はじめて造型への手がかりをもつ。そしてこの手がかりこそ、お互いに確かめ合い、バトンタッチし、育て上げていけるものなのである。

環境づくりに、ばく大なエネルギーと時間を必要とする現代にこそ、「原型」の発見が大切になるのだ。「原型」は「かたち」をもたない、目にみえないものである。「原型」は一人々々の建築家の個性と、市民の自由の意志の参加によってかたちとなっていく。しかし「原型」をもつかぎり、多様な個々の単位はばらばらな集合体とは異なり、群体としてのつながりをもつのである。

「典型」は、「原型」がある特殊な条件の中で構造（かた）化され、かたちとなったものであり、それは「かたち」でありながら「型＝Type」としての影響を与えていく。すべての建築が典型となることは不可能である。「原型」さえもっていれば、都市が多様な建築家の個性の表現であってよい。つまり、未完の造型の集まりであっていっこうにかまわないのだ。むしろ「原型」を感じさせる未完の造型こそ、ダイナミックな「開いた美学」の可能性をはらんでいる。

〈共存の哲学と開いた美学〉

われわれの都市の視覚構造の中には、一〇〇キロメートルという自動車のスピードによって出現した巨大な土木的なスケールから、人間の歩くスケールに至るまでの実にさまざまなスピード、スケールが存在する。しかしこの状況を人間的なものと非人間的なもの、人間的なスケールと超人間的なスケール、あるいは人間と技術の本質的な対立の姿とは考えない方がいい。

地域的な閉鎖社会から開放系の社会構造への移行は、人間の都市生活の二四時間の構造の変化によって引き起こされている。地域社会内で閉じていた「近隣住区的生活行動」から、人間の移動そのものが都市生活の大部分を占め、しかも移動自体が生活時間として意味を持つようになった。つまり都市の構成単位は、「近隣住区」から「人間の二四時間の軌跡」をもとにするべきなのだ。

大小というスケールの差や、早い遅いというスピードの差、あるいは大量・小量という量の差ではなく、一人の人間が歩いたり、車に乗ったりという市民生活の二四時間を通じて、空間の経験として連続するかどうかという、空間の質の問題として論じられるべきである。車に乗っている人間にとって、土木的なスケールのフリーウェイは決して超人間的でもなければ、非人間的でもない。われわれの都市が流動の建築化であり、その流動するもの自体がさまざまなスケール・スピード・量・質を持っている以上は、都市にさまざまなスケール・スピード・量・質が共存するのは当然だ。たとえスケールの断絶はあっても、人間の体験として不快でない視覚構造をつくることが問題なのだ。

ヴァン・アイクは「住宅は小さな都市であり、都市は大きな住宅だ」という認識を強調する。住宅という単位自身に都市へのシステムが内蔵されていれば、それをつないでいくことによって大きな住宅つまり都市をつくることができるわけだ。しかし、この考え方には都市のスケールの限界がありそうだ。

住宅から都市への間には、突然変異的な質の転換があるのではないか。「結合」「重合」の概念は、質の異なる空間の相を認めたものであり、「流動」の概念は、質の異なる空間の共存を可能にするよう設定されたものだ。

私は人間と技術、人間と機械の間に共通する本質アルケーを探そうとするミレトス学派的一元論者ではない。むしろインド哲学におけるウパニシャッドが、「慈」という第三の概念を持ち出して「汝とわれ」を自他不二の倫理に導き、「われは汝なり」とするように、あるいはまたマルチン・ブーバーが、第三の真実「永遠のなんじ」を媒介として「われと汝」の二律背反それ自体をわが生命と呼ぶように、都市と建築を人間と機械の二律背反と考えないで、「流れ」の概念を媒介として、二律背反そのものの存在を認めるのである。

建築とは、（情報の）流動のかたちである。

人間・エネルギー・応力・季節・光・コミュニケーションの時間と共に、移り変わる流動をかたちにするのである。廊下は期待の空間であり、人が動くための部屋だと考えるべきなのだ。あると き歩道は建築になり、廊下は歩道になるだろう。また、広場になるかも知れない。

まず四角の枠を設定し、その枠のなかでパズル遊びをはじめるという設計方法から、なんと数多くの近代主義のパッケージ建築が街にあふれていることか。そこには生活と共に成長し、生活と共に動く、生活の流動への密着などありようはない。

もう一つの近代主義、それは変化に豊んだ建築、有機的な建築というスローガンで現われる。しかし彼のまとっている多様性のガウン、曲線のガウンの内側は、本質的な流動への密着を無視していることが多い。何とけばけばしい装飾。

フューチャリズムの画家バルラは、ダイナミックな動きを模倣しようとした。しかしその「犬」は、やはり凍結した。流動をかたちづくること、時間と共に変化するものを一瞬凍結してはならない。成長しようとする、動こうとするダイナミックバランスの造型こそ開いた美学の糸口。

われわれは「原型」をみつけることができる。たとえば「媒介空間（メディアスペース）」は、志賀邸の場合、中央のリビングゾーンとして設定された個室・設備室は、その両側に自由にとりつけられるよう考えられた。将来の変化のために構造もブロックとして、施主とのネゴシェーションの間に、台所の位置・個室の大きさ・敷地との角度はしばしば変更された。そのたびに「かたち」は変わるのである。しかし「媒介空間」という原型は、施主と私との間の共通のものとして育てられた。完成した「かたち」は、志賀さんの家の生活の流れ、つまり志賀さんの個性と、私の個性とを同時に表現している。

将来増築や改造で、この「かたち」は変わるに違いない。しかし、生活の原型は決してくずれるということはない。「原型」をもつ「かたち」は、百の表情をもつことができる。この同じ「媒介空間」の原型で、何百という異なった個人の住宅が設計できる。開いた美学は、「原型」によって支えられ、不確定な要素が原型によって生けどりにされる。

開いた美学、それは閉鎖的な完成の美しさではなく、どの時点をとっても完成の美しさの中に、次の状態へ移行する可能性を表現するダイナミックなバランスなのである。

＜システムの発見＞

一　拠点開発（点刺激）システムの発見

成長する都市の基本構造（インフラストラクチャー）を考える場合、それがどの程度まで、個々

愛知県伊良湖国民休暇村（1966 年竣工）

愛知県伊良湖国民休暇村（1966 年竣工）

の変化する要素と関連づけられるかというインフラストラクチャーの浸透性の問題がある。現在の道路は建築と断絶の状態で接しており、相互の浸透性はないといってもよかろう。特に、インフラストラクチャーが公共投資として都市に投入される場合、それがいかにその周辺と浸透し、民間資本の投資を誘導できるかという点が勝負のしどころだ。

スーパー・ブロックによる開発の手法は、ある地域全体について、まとめて手をうつという大規模な投資を前提とした手法である。わが国においても、今後都市における建築投資は急激に伸びると予想されているが、公共投資と民間投資のバランスからいっても、公共投資の効率・誘導性の問題はさらに研究されてもよい筈である。

投資の効率の面ばかりでなく、既存の都市の再開発や、保存すべき街並みの再生計画においては、全面的な破壊という方法ではなしに、古い街並みや視覚構造をそのまま残して、部分的に新しいエネルギーの秩序を挿入したり、新しい象徴（シンボル）を投下することによって効果を上げるという方法もある。これらの問題を拠点開発システム（刺激の方法）と呼んだのである。

磯子団地計画においては、エネルギー秩序についての効率から拠点開発システムを採用した。たとえば、道路・エネルギーの計画が、地形的な条件や既存の道路の条件などの不確定の要素によって左右され勝ちな場合においては、秩序の手がかりとなるべきインフラストラクチャーを、線とか面の状態で与えるのではなく、点の状態で与えようというのである。スーパー・ブロックという形での面や、道路という形での線よりは、点の方が既存の条件や変化する要素への浸透性が大きいことは当然である。

ここで点とは、地域開発における特定地域の重点開発から、再開発における特定地点の重点開発、さらには、改造されるべき建築に挿入される刺激構造に至るまで、それぞれ異なる次元で考えることができる。

磯子団地計画においては、マスター・プランという平面図ではなくて、マスター・システムとでも呼ぶような拠点が設定される。この拠点は、交通のインター・チェンジであり、エネルギー・ネットワークのチェックポイントであり、また流動のシンボルとしての意味をもっている。つまり、この拠点に流れ込む自動車の方向、車線数、スピードと流れ出る方向、車線数（量）、スピードをベクトルとして与えることによって、拠点と拠点とを結ぶ目にみえないトランスポーテーション・ネットワークを決めることができる。

この計画では、拠点が自動車のトランス・ポーテーション・ネットワークであると同時に、エネルギー・ネットワークのチェックポイントであり、建築の配置も、ピロティー部分として建築化されている歩道も、ちょうど磁場のように、拠点から拠点へとつながれるのである。

既存の都市においては、パーキングスペースを含んだ流動処理のポイントまたはエネルギーのチェックポイントとして、古い街並を残しながら新しい機能化を計ることもできるし、シンボル（象徴）を与えることによって、古い秩序に刺激を与えることもできる。

二　二進法交通システムの発見

都市とは、情報の流れそのものである。つまり都市の設計とは、その情報の流れを建築にすることである。都市が道路に支えられて発達し、建築はその道路によって都市に結びついていた時代、道路は、馬車や人やものの流れの機能を果たすばかりでなく、個人の生活空間のはみでた場所、あるいは積極的に個々の生活空間をアソシエイトする生活空間として生きていた。京都の西陣地域の「路地」や、せまい「通り」などはこの例である。つまり、生活と流れの機能が同一空間内に共存できた。

現代の都市を解明するために、自動車・大量輸送交通機関のような人の流れ、あるいはまたテレビ・ラジオなどによるコミュニケーションの流れ、といった角度から流れの機能を発見したり、第三次産業によって引き起こされているものの流れの仕方を注目するとよい。自動車の増加・人口の移動・開いた社会への移行・消費時代・新陳代謝現象・超高層建築の出現などのそれぞれの現象は、都市そのものの実体である「情報の流れ」が、それぞれの側面を現したにすぎない。情報の流れとは、人の動き、ものの動き、金の動き、エネルギーの流れ、光・河の流れも含んだものとして考える。都市の構造化とは、これらの「流れの中」にある構造系をみつけだす操作の段階であり、都市の設計とは、構造化を通じて、「流れ」をかたちにする段階である。

そこで私は、都市の設計への基本的アプローチとして、二つの方法があると考えている。一つは、都市の「流れ」の構造化を機能系の発見を通して創造することであり、交通システムの研究、とりわけ「二進法のシステム」の研究は、この意味から私が進めている都市へのアプローチの一つの柱である。またもう一つは、都市の「流れ」を生活空間として、人間の環境として「かたちづくる」という、都市空間そのものの価値の発見と創造である。

広場とか中庭というような、孤立した固定した概念は既に役に立たない。私が道をもう一度空間として、建築とからみ合わせてみていこうとするのも、「流れをかたちづくる」という空間そのものの価値から、都市へアプローチする方法があると考えているからである。建築が道になり、道が建築になり、道が広場になり、そして広場が建築になるのだ。

ここでは、「二進法のシステム」をとりあげよう。

新しい流れの秩序の創造・流れの構造化は、点と点とを結ぶ機能としての役割しか果たしていないスーパー・ハイウェイ、フリーウェイ等々の道路という概念に対しての疑問から始まる。点と点とを結ぶ交通のスピードと量が増加しても、それ以外の重要な要素「交通と建築、交通と地域の結びつき」「異なる流れの網目の重ね合わせ」「交通の密度」「交通の交換性」「交通動態の計量性」「流れのわかり易さ」「流れの効率」が解決されなければ、流れの建築化はおぼつかない。二進法交通は、これらの思考を経て発見された。

サイバネティックスが、ばく大な計算量を二進法により機械にのせることができたように、「流れ」が複雑化しわかりにくくなるにつれて、それをわかり易くし、計量化する方法として、二者択一的な交通量を基本とする二進法がクローズアップしてくるに違いない。

二進法交通には、次の基本型がある。

1　鎖状交通（サイクル・トランスポーテーション）

2　立体鎖状交通（ヘリックス・トランスポーテーション）

3　三交差交通（Tクロス・トランスポーテーション）

三　立体化・共存化のシステムの発見

現在実施されている都市計画の理論の中で、CIAMの理論が与えた影響は大きい。もとをただせば、これはコルビュジエの「輝ける都市」から出ている。三〇年以上も続いたCIAMの運動は、「輝ける都市」へのいくつかの方法を生みだした。隣棟間隔による太陽の確保、ピロティによる環境との結びつき、緑につつまれた高層建築などがそれだ。三〇〇万人のパリ計画にみられるように、高層化された建築群は緑に囲まれた太陽を受け、光り輝くはずであった。

さて、アメリカの都市計画、再開発計画、シャンディガールの新首都計画、そしてブラジル新都市ブラジリアと実現した都市は、太陽を受けて光り輝いたかどうか？　結果は否定的といわざるを得ない。

超高層建築による都市の再構成は、「容積率」なる考え方を生んだ。空地をとれば高くしてもよいというわけである。しかし、この空地は緑の空地ではなかった。群がる自動車が空地を埋め、孤立する高層建築は人々の生活を疎遠にしていったのである。現在の高層建築というのは、いかに超高層化されても、今までの建築と同様の方法で地表だけでつながっているだけであり、二次元的な都市をタテにつくっているようなもので、都市が立体化されたとはいえない。

「都市が流動の建築化である」ならば、都市の立体化は、情報流動そのものを立体化することなのだ。

そのためには、土地の価値判断も「自動車・人・エネルギー・コミュニケーションといった情報が、いかに大量に、早くさばけるか」という「単位面積当たりの情報処理能力」によらねばならない。そのために都市の分析方法に、情報密度（流動密度）、情報動態（流動動態）という新しい指数を用いる必要がある。

丸の内再開発計画は、空調・電気・給排水その他の設備を集約した設備空間を独自の構造体として、オフィスと切りはなすことによって二つの異なった変化のサイクルを可能にし、また隣接する建築相互が、この設備空間を共有しながら横にも各階でつながり、立体化していこうという方法である。自動車は設備空間内にタテに収容され、各階でぬぎすてる下駄としての役割を果たす。

外側に常に結合され増殖されるために、建築の形態は外側に対しては壁で閉じたものとなり、内側には光と風と緑のスペースをとる。自動車の流れが、建築単位空間の間に挿入された媒介空間へと吸い込まれるのに対して、人の流れは内側に開いた自然の空間を縫って連絡される。ある場所は上部にガラスドームがかけられて広場の建築となり、ある場所はショッピングや娯楽のための建築の広場となる。もはや都市の単一核は分解して、数多くの象徴（いみ）をもった核が建築化されて生まれるのである。

この方法によれば、必ずしもスーパーブロック化を必要とせず、中小規模の民間投資を誘導しながら、全体として一つのシステムをもつ誘導が可能になる。このような都市空間は、住居と義務・商業のタテの重合やヨコの結合による共存システムの可能性、つまり立体用途地域制の方法を可能にするのである。

ヘリックス構造は、二進法による情報の流れを立体化することによって、孤立する高層建築ではなく、横にも上にも同質で増殖する立体都市を可能にする。二・三層の人工土地は別として、高層化される人工土地は、上にも増殖性（結合性）をもち、光と通風と季節感といった、自然と建築の立体的な相互貫入を実現しなくてはならないのである。

四　媒介空間（道の建築）システム

都市とは、流動の建築化である。エネルギーの流動・ものの流動・自動車の流動・人の流動・コミュニケーションの流動そのものを「かたち」にすることが、都市設計の方法と考える。これらの流動は、すべてが同位ではない。主体空間は、人の流動・人のコミュニケーションの流動、そして人の乗る車の流動であり、その他の流動は従空間というべきだろう。

平安京の坊条制は、大路にあたる「路」と、小路・通りにあたる「道」で構成され、寺社・公共施設は中心部に集中して広場や核を形成することなく、大路にそって散在していた。東洋の祭が群衆を「広場」に集めて行なわれるよりは、練り歩くことを主体としたために練り歩くための「大通り」が必要であり、寺社や公共施設も、集中して中心部におかれるより「大通り」で結ばれる配置が考えられたのかも知れない。

大路が、祭と儀式と馬車の「路」であったのに対して、京都の西陣を始め町屋の間を縫っている「小路」は、夏の夜、夕涼みの人々で溢れ、格子ごしに歩く人と住む人が歓談する。つまり、「道」は人々の流動する生活をかたちづくる建築空間である。

現代の都市は、道路を自動車をはじめ、あらゆるものとエネルギーの流動の場へ転化した。さらに悪いことにはCIAMは、都市の要素を住空間・労働空間・レクリエーション空間の三空間とし、交通とは、それを結ぶ機能ではあっても実体的空間とはとらえなかった。

この方法でいえば、われわれが道路上を動いている時間は都市空間に存在しないで、「動線」という抽象空間の中に存在することになってしまう。ところが、われわれの都市生活の二四時間のうち、動いている時間の占める割合は今後ともますます大きくなるはずである。住む・働くという概念とは別に、人間が流動する空間を建築化する方法をもたねばならない。つまり建築は道になり、道は建築になるのだ。

そこでわれわれは、道路が出来てから建築をそれに適合させる方法として、「ピロティ」その他の境界処理をするという消極的なやり方や、「コート・ハウス」と称して、道路から建築空間を閉鎖的に守ることによって、道そのものを生活空間から追い出してしまうような後向きの方法ではなく、道そのものを建築化する努力をしなくてはならないのだ。

大都市の場合、「道の建築」だけが都市のインフラストラクチャーになることは考えられない。機能的な「路」は、都市を経済体・政治体として成立させる「効率」のよいものでなくてはならない。私が「道の建築」と同時に「効率」に目を向け、二進法の交通システムを研究しているのもこの理由からだ。都市が流動の建築化であるためには、あらゆる流動がそれぞれ独自の主張と変化をもちながら都市の中に共存する。西陣の町屋の中に設計された西陣労働センターの場合は、設計の過程で投入した「原型」は媒介空間（メディア・スペース）としての「道の建築」であった。ウナギの寝床のように細長い敷地に、袋小路としての「道」が導入され、第Ⅱ期計画ではこの袋小路は、向う側にまで突き抜けて通り抜けられる「道」となる。階段をふきさらしの独立した空間としたのも、「道」につながるタテの「道」にしたからであり、町屋の壁ぎわの池は「せせらぎ」として、また、そこにつくられた「彫刻」は地蔵として設計されたのである。

西陣地域の再開発計画の中で、われわれはスーパーブロック化とは全く異なる「道」による刺激の方法として、将来この地域につくられる公共建築を利用して、現在の道と直角に人間のための新しい建築化された道を挿入し、再生させようとした。

メタボリック・スペースの意味

〈動きと変化〉

「動かなきゃだめなんだ、建築は。いかなる社会の変化にもできるだけ適応するような、技術的な新しい解決案を考えること以外に、いったい建築家は何ができるというんだろう。空間の問題は、そこに住む人にまかせてしまおうではないか。」

ブローニュの森に近いパリのフランソワ・ショーエ女史の家で、ヨナ・フリードマンは、口角泡をとばして私に話しこむのだった。

私がヨナ・フリードマンの名前をきいたのは、一九五九年だったか、デザイン会議の準備のころ吉阪氏から「パリに動く建築を研究するグループがあり、その主導者のヨナ・フリードマンから面白い計画案を送ってきているけれども、女か男かよくわからない名前だ。ヨナという名前から察すると女性かも知れない。」という話を聞いたときが初めてであった。その後、近代建築誌の世界デザイン会議特集号で、その「空間都市案」が紹介されたが、彼の考え方、特にそのグループとしての活動の内容は、よくわからないままになっていた。

彼は一九二二年生まれ、ハンガリーの建築家である。一九五六年の第一〇回 CIAM Dubrovnik 会議に出席したのち、その会議の準備委員を中心とするTEAM X のその後の活動内容にあきたらず、彼独自の思想にもとづいて一九五七年に、仲間たちと GEAM（動く建築研究グループ）を結成したのである。

プラスチック製のバブル・ハウス（G・ギンシェル）、可動床パネルによる展示会場（O・ハンセン）、スペース・フレームによる都市構造（E・シュルツ）、空気屋根構造（W・ルウノウ）、そしてスペース・フレームによる空間都市（Y・フリードマン）といったメンバーの計画案に一貫して流れているものは、「近代社会の担い手は一般大衆であり、建築家は社会の組織者ではあり得ない。新しい工学技術とか、都市計画の技術に目をむけることによってのみ、社会の動きに対応する弾力性のある動く建築を創り出せる」という考え方である。

彼等は、チーム・テンが近代社会のコオーディネーターとしての建築家の役割を認め、都市において、個々の建築の関係を中心とする空間の問題を論じていることに抵抗を感じ、「空間の問題は個人の好みの問題であり、住む人達によって自由に創られるものだ」といい、「チーム・テンの連中は CIAM の正統な後継者だと自認している自己宣伝的なロマンチストの集まりである」とまでいう。つまり「動く建築研究グループ」の関心は、社会の動き・時間に応じて取りつけられ、成長し変化するスペース・フレームの研究に集中する。

ヨナ・フリードマンの「空間都市案」は、古いパリの町並みの上にスペース・フレームを架構し、個々の空間は、社会の動きにつれてそのフレームにとりついてくるし、スペース・フレーム自体、既存の町並みの条件に応じて変化するというものである。

ここでは、スペース・フレームが空間の動きを可能とする秩序として考えられているが、この秩序は社会のトータル・イメージとか、社会のダイナミックな動態から導かれるものではなく、工学的な技術・実験を経て演繹されるある具体的な骨組である。秩序としての骨組を、社会の実体（＝現実の不確定性）としての空間から積極的に切り離すことによって、動くという概念を空間に定着させている。すなわち「動く」という概念は、むしろ「可変性」という工学的な現実性を獲得しているのだ。

「Association, Identity, Patterns of Growth, Mobility」これはスミッソンが、新しい都市の概念の鍵として追求してきた内容である。著書 "UPPERCASE" の中で彼は、Mobility（可動性）の概念について次のようにのべている。「社会的な、また物理的な意味での可動性という概念は、われわれにとってある種の自由の感覚であり、社会を成立させているきずなでもある。自動車は、この自由の一つのシンボルであり、可動性は社会とかコミュニティーの全体的な概念に適応できる鍵である」。つまり「建築家が、社会のコオーディネーターである以上、包括的なシステムを必要とする。そこで、道路が統一された機能としての一つのシステムにまで高められねばならないし、建築自体、この道路と無関係ではあり得ない」。

スミッソンのいう「可動性」は、都市の実体としての流動するもの、「動く車」「動く人」であり、

「秩序」とは、この都市の「動くものの実体」に密着することなのだ。フリードマンが不確定性から切り離されたところに、秩序（骨組）を設定したのに対し、スミッソンは「動く実体」という、都市空間の不確定性そのものに自分の視点を密着させた。そこで彼の秩序とは、不確定性を表現するペデストリアンデッキのパターンとして固定されてしまう。彼が「包括的秩序」といったあとで、おおいかぶせるように「全体の中で、それぞれの個、それぞれの部分が見分けられなければならない」と言わねばならないのは、彼のこうしたジレンマを表わすものであろう。

パリをあとにしてロンドンに着いた私は、わずか四日間ではあったが、彼と生活を共にして、彼の「実体＝現実への密着」が、伝統とのかかわり合いをみせているのに気づいた。エコノミストのオフィス・ビルを含んだ一ブロックの再開発計画、ロンドン郊外ティスベリーの彼の別荘、市内のエア・イラクのインテリア・デザインなどの作品を通じて言えることは、過去から現在へという持続した時間への密着である。ここには、動く視点によって発見される空間とは別の、歴史意識としての「可変性」を認めることができよう。

ここで問題にしてきた「可動性」と「可変性」は、いいかえれば、「関係の秩序」および「変化の秩序」といいかえることができる。

ヨナ・フリードマンなど「動く建築研究グループ」の提案するスペース・フレームは、現実の実体、すなわち具体的な個々の建築の不確定な空間と密着せず、きり離された概念である以上、個々の建築、そこに住む人々のフィードバックに対して「変化できる秩序」でなくてはならない。ジョイント（結合の建築）が可能なだけのあらゆる方向へのびるポテンシャルを持っていなければならない。と同時に、同一場所で別の種類のフレームと「取り替え」のきくシステムであるべきだろう。

スミッソンは、前出の“UPPERCASE”の中で、アクション・ペインティングのポロックの作品の中に、「アクション（行動）を通じて発見された『新しい関係の秩序』がある」と述べている。これは前にも述べたように、スミッソンが自動車という「移動する視点」から、そして不確定な空間である「個々の建築空間という現実の実体」に密着する行動の中から、「関係の秩序」をつかもうとしたことを裏書きする事実である。

しかし「描くことを完全に否定したポロックの場合でも、純粋な行為の軌跡が作家の想像力と結びついて、激情と行為のただ中で、独自な未知の空間の創造へとかりたてる」（針生一郎〃現代絵画と記号の冒険〃）ように、スミッソンの「関係の秩序」もまた、行為と移動する視点が一つのパターンとして固定した「タブロー」になっている。

ベルリンの道路計画や、ロンドンの道路計画案をみると、なるほど「現実の不確定な実体」に密着した彼のパターンは、ダイナミックな現代の都市の「関係の秩序」を表現しているけれども、それは、ある社会の現実的条件に密着することによってのみ得られる道路の秩序であり、フリードマンのスペース・フレームがもっているような意味での「可変性」はないのである。それは「動いている都市の実体」が道路や建築のダイナミックなかたちを決めているといってよい。

某日、私達〃メタボリズム〃のグループは、来日した社会学者、N・グレーザーと意見交換を行なった。そのときの会話から二・三の面白い問題をひろい出すことができる。

そのひとつは、グレーザーが伊豆方面に旅行に行ったときの話の中で、「アメリカの道路は、工学的には確かに質の高いものかも知れない。ところが、目的につくまでの道程は〝期待の空間〟つまり目的へつくことを期待し、目的地につけば変化にとんだ人間的なスペースにふれることができるだろうという期待のみで、その質の高い道路の上を冷たく流されていくのだが、伊豆への道を悪路にゆられながら考えたことは、道程全体が常に変化する体験を与えてくれるので、動く視点自体が人間を満足させてくれる。いわば、道路自体が目的の空間といってもよい」という話である。

われわれの都市はきわめて複雑に、動き・流れる実体である。建築家の視点が、都市の流動・変化の実体に密着することもきわめて困難なことだ。都市には、「可動性」「可変性」を高める秩序を挿入しなければならない。しかし、包括的な道路のパターンのみが都市の秩序とは考えられない。ある地域をおおったダイナミックなかたちの道路のパターンが、かならずしも将来へ動く社会の中で「可動的」であるとはいえないからである。

また、帝国ホテルの保存についての話がでた。スミッソンが既存の農家の土塀を残して、その上に彼の新しい別荘をつくり、また、〝エコノミスト〟誌の一ブロックの再開発計画において、敷地のかたすみにある伝統的な様式の「クラブ」を残すという事実にみられるように、われわれの周辺にある古い建築と新しい建築との問題である。都市空間が個々の建築空間の集合空間であり、時間の経過と共に「新陳代謝」していくものである以上、空間の滅亡と生成は、たえまなく起きている事実である。

われわれは、これを歴史と理解しているわけだ。H・リッケルトによれば、歴史認識の方法は歴史的個体の形成を通じてなされるという。つまり、歴史的なものは一回的なものであるけれども、一回的な現象がすべて歴史的個体であるのではない。一回的なもののなかでも、文化的に価値ありとみとめられるものが歴史的個体として選択される。だから文化価値のもつ普遍性は、ちょうど絵画・彫刻のもつそれのように、本質的に非分割的であるが故にもつ「普遍性」であるとする。

歴史意識としての「可変性」といったのは、ある時間の断面として存在する個々の建築空間が、どのような「普遍性」をもち得るか、という疑問を裏返してみれば理解していただけると思う。ここでひとつ問題なのは、歴史的個体を選択する「文化価値」という概念であろう。

たとえば視点を過去にむけて、帝国ホテルの文化価値を位置づけることが可能かどうか。可能だとしても無意味なことだ。むしろ視点を現実に密着させ、現実の存在の価値、そして未来における存在の価値あるもののみが、われわれにとって文化価値があるものだといってよい。


〈玄の原理〉


「玄のまた玄なるもの、衆妙の門なり」これは「老子」の一節である。

この宇宙に人間というものが出てくると、宇宙は一定不変の無の世界と見る立場と、これに対して有の世界と見る立場とが対立した。無の立場は、この宇宙のなにも形容できない「混沌さそのもの」を全体に表徴しようとするものであるのにたいして、有とは混沌さが整理され差別されたあたり、つまり、その差別の面を表現しようとするものである。この有と無をその根源にかえすと、それが「玄」であり、この真黒なものが、あらゆる理論のでてくる出発点である。

都市空間は、個々の建築空間を含めた多様な空間の不確定的な衝突の姿である。この現実の実体を「混沌そのもの」としてただばく然と認識することからは、アナーキーな「無」の態度しか引き出せない。未来主義者たちが、現代の機械のエネルギーによって引き起こされた混沌さを、ただばく然と認識していただけであったなら、またM・トビーやポロックが、ばく然と「混沌そのもの」を見守っていたならば、彼等は少なくとも創造者にはなり得なかっただろう。

未来主義者たちは、バルラの初期の作品にみられるように、対象の「動き」「ダイナミズム」「混沌」を分析しようとした。彼の「クサリにつながれた犬のダイナミズム」は、これを示している。しかし、視点が対象の動きに密着するとき、「混沌の奥にある真黒なもの」を見たのではないか。

「混沌の奥にある真黒なもの」これは、自分が混沌なのか、混沌が自分なのかわからないような「実体への密着」を意味している。個々の建築空間の混沌とした都市の実体に密着するとき、われわれは個々の建築の空間の「集合」または「群」としての実体を感ずると共に、個々の建築空間の「変化」を知る。

スミッソンは、自動車という「動くもの」に視点を密着させることによって、都市の秩序に迫ろうとした。われわれは自動車はもちろん、動く人間、流れるエネルギー、変化する空間の集合に、われわれの視点と激情と行動を密着させよう。このことが「動く秩序」へアプローチする唯一の道なのだ。

現代都市における秩序を考える場合、まずわれわれは、プラトンのイデア論からアリストテレスの存在論に至る観念論、理想主義批判からはじめなければならない。

「形相が実在であり、質料（物質）は潜在的な実在である。なぜならば、質料はさまざまな異なった形態をとることができるからである。」というアリストテレスの言葉によれば、われわれの体験し、目でみている現象は実は仮象の事物であって、目にみえない形相こそ実在であるというわけだ。

ここで私は、ルイ・カーンの「Realization」「Form」「Design」という概念を思い起こす。カーンのいう「デザイン」とは、形をもった実体であり、「リアライゼーション」とは形になる前の本質的な問題、すなわち「住宅とは何か」「学校とは何か」という目に見えない「実在」である。プラトンが「家のイデア」「猫のイデア」「人間のイデア」をみると同様に、ルイ・カーンは「住宅のリアライゼーション」「学校のリアライゼーション」をみつめる。

ここまでなら、ルイ・カーンは古典的な観念論者と何ら変わるところがない。そこで彼は「フォーム」という概念をもち出す。これは「家のリアライゼーション」とか「学校のリアライゼーション」という目に見えない実在を普遍化する道具だといってよい。このような道具をもたないかぎりデヴィッド・ヒュームのように、「概念が、その起源を感覚・知覚に持つ以上、すべての総合的知識は、経験から導かれる。われわれは、将来を予見する方法をもたない。明日また、太陽は昇るだろうか！」と懐疑の底に沈潜してしまうほかないだろう。

「フォーム」という概念は、目に見えない実在（秩序）と、現実の混沌を結ぶ「仮説秩序」あるいは「作業仮説」と考えることができる。われわれが、〃メタボリズム〃の方法論を通じて「システム」「設計仮説」「実体概念」「触媒」「秩序」という言葉で論じ提案してきたものは、この「仮説秩序」であるといってよい。

二〇世紀の初頭をゆさぶり、空間に、現代的なダイナミズムを持ちこんだ「時間―空間」概念は、われわれの時代には、「空間―時間―エントロピー」概念として新しい展開を必要としている、「エントロピー概念」は「〃メタボリズム〃の方法論」の一つの「手」として重要なものとなるであろう。さらにまた「熱統計力学―確率法則の面でのエントロピー概念」の展開も必要であろう。

もし、われわれの都市社会が閉じた系であるとすると、われわれ空間も人間関係も、すべてがなまぬるい無秩序状態へと移行し、ちょうど太陽が冷たくなっていくように、いわゆるクラジウスの「熱の死」の状態へ近づく。これが閉鎖系社会におけるエントロピー増大の末路なのである。ところが都市は、かならず開いた系として存在する。つまり「無秩序な混沌とした状態」は、ある日突然に投入される「秩序」を媒介として「空間のゆらぎ」を生じ、なまぬるい混沌の「熱の死」をまぬがれるのである。

ボルツマンが彼の「非平衡の理論」で述べているように、統計的な考えによると「熱の死」は、全宇宙の状態のうち、もっとも確率の大きいものに対応する。しかし、この宇宙が開いた系である以上、「新しい星」の誕生によって巨大な量のエネルギーを得ることがあるのと同じように、都市空間において混沌とした実体に、あるエネルギーの量、すなわち建築投資や再開発投資、また道路などに対する投資が与えられると、それは現在の「熱の死」へ向かいつつあるなまぬるい混沌の空間に「ゆらぎの現象」を与える。「ゆらぎの現象」は、都市空間における秩序と、混沌とした無秩序の確率的な衝突であり、そこから新しい都市空間への「動き」と「変化」がはじまるのである。

最近、ミラノの「グループT」という「動く芸術の会」の作品が日本で紹介された。これはムナーリを指導者とする、アンチエスキ、ボリアーニ、コロンボ、ヴァリス、コデヴェッキという連中である。彼等の作品について共通にいえることは、鑑賞者が最終的にその芸術の「かたち」を決めることが可能だという意味で、「可動性」をもっていることだ。これは、動く建築研究グループが、住む人に、その部分の最終的な空間の「かたち」をまかせるというのに非常に似た考え方である。

未来主義やアクション・ペインティングと動く芸術の違いが、チーム・テンのスミッソンと、動く建築研究会のヨナ・フリードマンの違いであるといってよいだろう。

鑑賞者、または住む人が自由に空間をきりとり、あるいはまた自由に創造に参加するというダイナミズムは、わが国の伝統的な絵巻物の異時同図法のテクニックの中にもある。たとえば「当麻曼荼羅縁起絵巻」、横佩大臣の姫と化尼と化女の三人が、同一時空間の中で描かれており、鑑賞者は、それぞれ自分の視点と枠によって空間を切断して物語りを追うのである。

M・ウェーバーの「理想型の理論」も、媒介としての「理想型」という実体概念を考えることにより、経験を経て理想型を動かし、変えて、より確かなものにしようとするものであるし、科学哲学を提唱するハンス・ライヘンバッハの「措定の理論」も、都市の出来事や空間の創造を、因果律やイデア的なものでなく確率法則によって支配されるとし、真理をあてにせず「行動の道具」として「措定」という仮設秩序を設定し、現実の不確定要素との具体的なかかわり合いの中で考えていこうとするものである。

これこそ現代都市における「開いた秩序」であり、これを媒介としてのみ、都市空間はプラグマティックな「開いたかたち」を獲得していくのである。

明日もまた、太陽は昇るのだ。

メタボリズムの美学

〈運動の生活〉

私達の都市の二四時間の生活の中に、「運動の生活」とでも呼べるような新しい生活体験がはじまった。

NHKの国民生活時間調査によると、二四時間のうち、全国民平均三二分が通勤・訪問・買物のための外出時間となっているが、都市においては、労働時間に生ずる「外出」、つまり打合せ・会合・セールス・連絡のための「外出」も含めると、ゆうに二時間は動いているという意味での「運動の生活時間」となろう。交通とか運動が二四時間中にたいした時間を占めなかった時代、「交通」とは住空間・労働空間・レクリエーション空間を結ぶ機能であり、「動線」であった。「動線」とすれば、A点とB点を結ぶ線であって、空間としてはとらえられなかった。この考え方からすると、東京で朝七時〜八時ごろ、通勤中の——動線上にいる人たち、実は東京の人口の四〇%にもなるのだが——は完全に東京という現実の都市空間から蒸発して虚の空間にいることになるわけだ。都市化現象が、都市空間の高密度化・立体化・広域化という形態で進行してゆくと、必然的にそこで発生する情報量は大量な、かつ多種なものとなり、人々はあわただしく都市内に流入し、せかせかと走り回って人に会う。

「一日のうちに、いかに多くの人と会い、いかに多くの会合をもつことができるか」が、物ごとを処理するばかりでなく、利潤を上げるために必要となるかも知れない。また、余暇の時間に読書をする、スポーツを楽しむというよりは、ただなんとなく「ぶらぶらする」人も増えてきている。ぶらぶらと散歩する、ぶらぶらと買物をする、ぶらぶらと訪ねてみるといった「ぶらぶら運動」も、将来ますます大きな時間を占めるに違いない。

人間の二四時間の生活が明確な目的によって時間割され、生活時間がパターン化されるにつれて、その反動として無目的な「ぶらぶら運動」がふえてくるのであろう。セックス、スピードといった体験が、がんじがらめの目的生活時間の中に、何らかの創造的な時間を生みだそうとする「抽象化手段」であると同様に、人間にとって無目的な「ぶらぶら運動」こそ「創造する時間」なのかも知れないのである。

私は、以前、「都市の設計とは、情報の流動をかたちにする作業である」と定義したことがある。この情報の流動(モビリティー)の内容のうち、人間に関係する通勤という運動・接触利益を求める運動・無目的なぶらぶら運動という三つの運動は、人間の二四時間の生活時間の中で最も注目しなければならない生活だと考えている。これら「運動する生活」の場が、通常、道路である以上、道路設計を土木技術者にまかせることは、都市設計の「かなめ」を手ばなしているに等しい。道路を生活の場として再発見した私の目には、もはや道路は建築空間でしかなかったし、廊下とは「運動する生活」のための部屋として映った。

「道の建築」の概念をつくり出したのも、ギリシャでアクロポリスの丘を見上げる観光客の足下に「ピキオニスの道」を発見したのも、そしてまた、都市や建築の設計の実践を通して「道の建築」を創りだそうとしているのも、実はこのような「運動する生活」という新しい生活体験を通じてであった。

〈地獄の体験〉

地獄の観念は古来インド人のもっていたものであるが、仏教で説く「輪廻（りんね）」、つまり「輪廻転生」の思想と結びついて日本人の生活意識にはいり込んでいる。衆生が、邪執・謬見・諸煩悩・業などのために三界六道に死んでは生まれ、また死んで、生死を限りなく継続して行く間、衆生は多劫にわたって無数の苦悩を受けねばならないのであるが、その苦悩の地獄が一瞬断絶した境が涅槃（ねはん）である。極楽浄土・涅槃は、一方で地獄の観念と対比されなければ成立しないものである。

私たちの身の回りには、現実にさまざまな地獄絵図が展開されている。社会や都市空間に「新陳代謝（メタボリズム）」のシステムを導入しようとするとき、「輪廻転生」し継続する時間の中に自分自身を投げ込んで、空間を行動的に把握するよりほかはない。

永遠であると信じていた美が、目の前でがらがらと崩壊するのを私たちは身の回りで感ずる。五年もたてば自然崩壊するという「崩壊する彫刻」を創ったイギリスの怒れる若者たちの試みを待つまでもなく、やっと一〇年・二〇年を経た建築の傑作が、「当然の運命であるかのように破壊される。シカゴのサリバンの作品、フランスのコルビュジエの作品、ライトの帝国ホテルにもその運命の日が近づいているようである。

「永遠にあるもの」として創られたものが壊れてゆくのをみる体験、これはまさに「地獄」の体験以外のなにものでもない。しかし、この「地獄」が次の新しい創造的な空間を生むための「破壊」であるのなら、私は積極的に肯定したいと思う。たとえシカゴのサリバンの作品がさらに二〇年・三〇年その命を長らえられたとしても、何ほどのことがあろうか。むしろ、彼の空間はその「形骸」を超越して、現代の生活に刺激を与え、現代の空間に吸収されているのではないか。

私たちの身の回りにある「地獄絵図」は、決して建築の破壊ばかりではない。社会の情報の量とスピードが増えたという事実の裏には、私たちの生活が加速度的に「消費型」の生活になり、「捨てながら生活する生活の型」に移行しつつあることを意味している。「捨てる」「こわす」という行為が現代の生活を支えている。

たえまなく増大する情報（もの・エネルギー・コミュニケーションなど）の量とスピードに対応して、私たちが主体性を確保することができるとすれば、それはこの押しつけられる情報に対してフィードバックする手だてをもつことでしかない。

大量生産される消費財・耐久消費財に対しては、「捨てる」「こわす」「下取りさせる」という行為によって消費者の意思表示がなされ、かろうじて消費者は王様の地位からずり落ちないで済むのである。と同様に、成長し、変化してゆく社会に、人間が主体性をもつ「新陳代謝」のメカニズムを導入するためには、変化・成長という時間の体験――それは多くの場合「地獄」の体験なのだが――の中へわが身を積極的に投入するという新しい生活の行動体験を必要とするのである。

前に述べた「運動の生活」という現代人の新しい体験は、人間の視点の移動という「ヨコの時間」の体験であったのに対して、「行動の生活」という体験は、過去から未来への「タテの時間」の体験であると言えよう。

伝統、それは特にこの「タテの時間」の体験の中で、いかに古いものが「破壊」されたかという「地獄絵巻」として生きつづけてきているものなのであろう。菊竹清訓の「出雲大社庁の舎」、丹下健三の「総合体育館」は、それらが「技術」によって伝統を「破壊」しようとする「地獄篇」であればこそ、ふたたび伝統の空間として生きている。

<共存する空間>

近代都市計画の基本原則、それは「住む」「働く」「レクリエイトする」という三つの要素を合理的に配置することであった。CIAM の「アテネ憲章」は、機能的都市の計画原則を集大成したものである。『住む場所』は、『働く場所』と機能的に関係をもちつつ、できるかぎりはっきり分離して配置されるべきである」というかぎりにおいては、あやまちがあるとは思えない。しかし分離という言葉の中には、平面的な分離という意味が知らず知らずのうちに根を降ろしてはいなかったか。

都市の要素が平面的に配置されるか、立体的に配置されるかは、都市の規模や人口密度によって決まるとは思わない。なぜなら、平面か立体かということは、特に都市空間の「質」そのものの違いだからである。ここでいう都市の立体化とは、都市機能の立体的配置であって——建築の高層化いわゆる超高層ビルは厚手の平面をつくっているにすぎないのだが——、立体化への刺激を得られなかった都市は、実に奇妙な平面的分離状態へと追いやられていった。

この傾向の潜在的なモメントになっているものの一つに、「地価」という空間的価値とは無関係なものがある。都心部は「地価」が高いという理由で、住居は外部へ追い出される。「地価」に見合うものは、業務施設なのである。最近では業務施設でさえ投資額に見合わず、最後に都心部を占めるのは、価値計算の不可能な広告施設となりつつある。銀座の「三愛」はそのいい例であろう。すでにゆきつくところ、都市の建築は非経済学的な推移をたどりつつあるようだ。

今後、「もうからないものに対する投資が、結局、もうかることになる」シュール・エコノミックスが出現し、都市に非経済的価値を生んでゆく可能性がある。そもそも都市の主人公は「人間」である以上、この事実は特に人間が主人の座を奪回するチャンスなのである。「三愛」の広告塔が、塔状都市となって巨大な人の住む広告塔が出現する。このとき、広告そのものは豪華に夜空に光り輝きながら、人間によってコキュにされたのである。

都心は騒がしい、空気がよごれている、緑がないなどという悪魔のささやきにだまされてはならない。都心の騒音と不浄な空気の中であろうと、すばらしい住環境をつくる技術と科学の力をわれわれは持っている。必要なのは、人間を主人公とした都市空間の再発見と、実践への決断なのである。

もう一つの潜在的なモメント、それは近代都市計画の方法の一つ、「近隣住区計画」なるものである。住区の人口を設定し、その人口に対する学校・保育園・商店・娯楽施設などの規模を決定するというコミュニティ計画は、人間の都市生活の二四時間が比較的閉鎖系社会の中で成立していた時代はまだ有効であった。名古屋の千種台団地、大阪千里団地、特に大都市周辺の住宅地にすでにみられるように、住区内施設より近くの都市内の施設が使われることが急激に増加しつつある。これは、自家用車・道路の発達にあるというよりは、むしろ「運動する生活」という新しい生活の型にみられるような開いた生活の構造、開いた社会の構造が出現しつつあることを意味している。

前記のNHKの生活時間調査によると、ラジオを聞きながら別の仕事（食事・家事その他）をしている人たちは次第に増えてきており、特に朝の時間では、ラジオを聞いている人の八〇％は他の仕事を同時にしているという結果が出ており、最近はテレビをみている人たちでさえ、同時に他の仕事をするようになりつつある。昔は奇跡といわれた聖徳太子の生活も、現代の都市生活の中では珍しくはないと言えるようだ。

都市の混乱を通勤問題・人口の集中過度・交通問題にすりかえることほど危険なことはない。当局が必死に列車ダイヤを練り、急ブレーキのきく新車をつくってスピードアップし、ラッシュ時の「押し屋」などという珍奇な努力を重ねている間に、都市はますます人口が集中し、混乱は一層激しくなるばかりである。それもそのはずで、機能的平面分離都市の器からあふれた人間が、「運動の生活」「共存の生活」という新しい生活を求めてうごめいている以上、都市はますます集中的に都市化の密度を高め、東京は二、〇〇〇万人を越え、大阪は一、〇〇〇万人を越えてさらに成長するに違いない。空間構成は、平面的な用途地域ではとらえられない立体的な共存する空間となるだろう。

現代の状況を混沌というのはやさしいことだ。混沌の底に流れている「輪廻転生」「地獄」をみつめ、新陳代謝の過程を組織化と分散化が繰り返されて、らせん的に発展してゆくエントロピー増大の過程だと認識することから、新しい空間創造の可能性が出てくるのだ。

<未来主義からミリオラマへ>

二〇世紀初頭のヨーロッパは、一九世紀末の世紀末観の暗い影をぬぐいさって、陽気で騒々しく、希望と幸福にみちていた。機械と技術の吐き出すエネルギーは、人々に新しい時代の到来を感じさせた。キューービズムの画家たちが、視点を移動することによって変化する本質の姿を描こうとしたのも、ル・コルビュジエが「住宅は、住むための機械である」と叫んだのも、彼らの心に新しい機械時代のエネルギーの可能性が映じていたからであろう。

未来主義運動もやはり、この時代に現れる。詩人マリネッティが一九〇九年二月、パリのフィガロ紙に「未来派宣言」を発表したのをきっかけとして、一九一〇年二月一一日ミラノにおいて「未来派画家の宣言」が発表される。署名したのは、ボッチオーニ、バルラ、カルラ、ルッソロ、セヴェリーニである。未来主義運動は、その後サンテリアなどの建築家をも加えて発展することになる。

「世界の崇高さは、新しい美によって増大されることをわれわれは確認する。それはスピードの美である。蛇にも似た大きな円筒で飾られた光り輝く車体をもち、爆発音を発する競技用自動車や、まるで機関銃弾のように走る自動車は、たしかにサモス島やトラキアの戦勝よりもっと美しいに違いない。」という言葉に表現されているように、彼らの興味は、ダイナミックな運動するものへと集中する。

バルラの画いた「鎖につながれた犬の運動」は、運動する物体へ視点を密着して追いかけようとする連続する時間の表現であった。この映画のこま撮り的な表現も、ウンベルト・ボッチオーニの「都市建設」に至って明確に一つの段階に達した。創造者の視点が、動いてゆく実体を追いかけるというよりは、行為自体に密着して客観的な冷静さを失う。

キュービズムが、視点を移動させることによって本質を静的に表現するのに対して、未来派は視点そのものを運動に密着させた体験そのものを表現しようとするのである。「運動する生活」「行動する生活」「共存する生活」が新しい体験として実感されている現在、私は「未来派」の苦悩が他人事とは考えられないのである。しかし、未来派の作品を求めてヨーロッパの美術館をめぐり、そしてニューヨークの近代美術館で「未来派展」を見終わったとき感じたことは、彼らの目指すことが何であったにしろ、最終的には固定しているタブローと建築の違いであった。

建築、それは完成のその直後から変化し、動くのである。

画家は、たとえ一瞬であろうとも時間を停めることができるのだが、建築家にはそれは許されない。時間を停められないとしたら……。

作家は永遠に次から次へと生ずる状況に対応して、とどまるところを知らず創りつづけなくてはならない。作品はその瞬間々々が完成であるという以外には、完成という言葉をもち得ない。作品が完成したその直後から、他のものとかかわり合って変化し動いてゆくとすると、作家の主体性はどうなるのか。

一昨年日本に紹介されたミラノの「グループT」によるミリオラマは、これに関して面白い問題を提起しているように思える。このグループは、イタリアのムナーリを指導者とするアンチエスキ、ボリアーニ、コロンボ、ヴァリス、コデヴェッキという、デザイナー・画家・彫刻家たちである。彼らの作品は、ハンドル操作によって波打つレリーフとか、磁石によって自由に張りつけることのできる「ひも」のパターンとか、ハンドル操作によって違った重なり合いを展開する回転体状の彫刻とかいったものであった。

これらの作品一つ一つの評価についてはいろいろ問題はあるとしても、そこに共通にみられる「第三者――鑑賞者――が創造行為に参加する」という主張に注目する必要がある。既成の美の秩序を破壊するのに忙しかったダダでさえ、行為それ自身を、作家の絶対的な主体性においていた。第三者が作家の創造行為に参与する中で、創造の主体性はどうなるのか。

作家の内部の絶対的主体性を一度突き放して、社会という空間の時間のひろがりの中でもう一度主体性をとりもどすこと。いいかえれば、完成した作品が社会の中で受けとめられ、偶然の条件の中で変化し、動いてゆくという現実の「地獄絵巻」に密着して、その中にふたたび作家の主体性を発見してゆくという実践的な行動なのだ。

建築家が実際に建てた建築を通じて、社会からのはねかえりを内的リアリティとして、わが身の絶対的主体性の闘争の過程に組み込んでゆく態度そのものは正しいとしても、現実に社会にぶつけた建築が将来成長し、変化してゆく「行動する建築」として考えられていないならば、それはまさに、画家がタブローを画廊にぶらさげたほどの意味しかもたないのだ。

社会的な主体性・開いた主体性が、「行動する建築の開いた美学」を可能にするのである。

＜CIAMの崩壊とチーム・テンの運動＞

こどもの国セントラルロッジ（1965年竣工）

こどもの国セントラルロッジ（1965年竣工）

今から三六年前、ジュネーブの国際連盟本部の競技設計の一等に入選したル・コルビュジエの案が拒否された事件は、世界中の建築家たちに大きな反響を呼び起こした。この事件をきっかけとして、ル・コルビュジエ、グロピウスを中心とする何人かの建築家たちがスイスのラ・サラに集まったのが一九二八年のことであった。

ラ・サラで発表された宣言文

「近代建築の各国グループ代表である下記署名の建築家たちは、建築の根本概念および、その職業的業務についての見解を一にするものであることを確認する。……建築に課せられた使命は、その時代精神を表現するにある。……今や建築は、貧弱化された職人仕事のみにすべての仕事を委ねるかわりに、工業技術のもたらした無限に大きく新しい資源と方法を活用すべきであり、たとえそのために、かつての過去の栄光をなしたさまざまの建築とは異なった建築が生まれようとも、しりごみすべきではない……。近代社会の真の利益のために努力するという固い決意を持つわれわれは、アカデミーとはただいたずらに過去の栄光を追い、住宅の問題を無視して単に外観のみ華美なる建築をもてあそび、もって社会の進歩を阻害するものと断定する。」

これが、その後二八年間にわたって続けられたCIAM（近代建築国際会議）のスタートを告げるものであった。第二回以降第九回（一九五三年）までにCIAMでとりあげられた「低廉住宅」「合理的区画」「機能的都市」「住宅と余暇」「ヨーロッパの復興」「住宅の連続性」「都市の核」「住宅憲章」というテーマは、近代建築・近代都市計画の指導理念として建築界に影響を与えていった。

むろん運動の初期において CIAM が受けた抵抗は強いものだったに違いない。フランスでは第五回の会議までは、政府当局もまったく CIAM を無視する態度をとっていたといわれている。しかし、CIAM の運動が新しい時代に対応する機能主義の運動であってみれば、それが社会に受け入れられないはずはなかった。アムステルダムの新しい改造案は CIAM に委託され、グロピウスはアメリカのハーバード大学で都市計画の講座をもち、メンバーであるセルト、オスカー・ニーマイヤー、アアルト、アルフレッド・ロット、ヴォジャンスキー、ノイトラ、マルセルロッズらもそれぞれの国での創作活動を通じて強い影響を与えていった。

指導者であったル・コルビュジエの「輝く都市」の理論が、「アテネ憲章」なる都市計画の方法論として定着し、シャンディガール、ブラジリアといった新しい都市が、CIAM の理論の実践として実現するきざしが見えはじめたころから、CIAM の社会に対する立場は次第に変化をみせはじめる。CIAM の敵であったアカデミズムが、CIAM の理論を受け入れるようになったからである。「太陽・空間・緑」という CIAM のスローガンは、「南面する建築」「隣棟間隔」「空地」「公園」という固定したアカデミズムの教義として現れはじめるのである。

また CIAM 自体も、第九回のエクスアン・プロバンスの会議にいたって、会員は三、〇〇〇名を数え、その構成も議長・副議長・委員会・グループと複雑な組織になってきたことも影響して、その活動が停滞しはじめる。第一〇回 CIAM 準備委員に選出されたスミッソン、ウッヅ、バケマなどによる努力は、動脈硬化に陥った CIAM に、新しい息吹を導入しようとするものであった。

「クラスター・モビリティー、変化と成長、建築と都市計画」をテーマとする第一〇回ドゥブロニク会議は、まさにCIAMの崩壊と同時に新しい運動の芽生えを含んでいたのである。

第一〇回CIAMを準備したという意味から名付けられたチーム・テン・グループは、これをきっかけとして広く世界の建築家と横のつながりを求め、一九五九年六月オッテルローのクロラー・ミュラー美術館に五〇名の建築家を集めてCIAM・TEAM X会議を開いた。イタリアからロジャースをはじめとするBBPR、アメリカからルイ・カーン、スウェーデンからエルスキン、スペインからコデルチ、わが国からは丹下健三が招待をうけ、イギリスのスミッソン夫妻、フランスのカンディリス、ウッヅ、オランダのバケマ、ヴァン・アイクなどが中心勢力であった。

「この会議は形式的な組織はなかったし、どんな委員会もなかった。展示パネルと討論による頭脳の消耗だけが研究の手段として決められていた。各参加者は計画案を美術館の壁に展示して説明した。引き続いて討論が行なわれ、論争があった。」とアーキテクチュラル・デザイン誌が報じているように、その会議は今までのCIAMとは全く異なった方法で進められたのである。

チーム・テンのメンバーを中心とする新しい運動の会議は、その後もたびたび開かれ、彼らの主張は彼らに明確なものとなっていった。「クラスター・モビリティー、変化と成長、建築と都市計画」をテーマとして選んだことでもわかるように、彼らの主張は、「建築とはそれが確かなもの、疑わしいものすべてを含めた、あるがままの設定条件の厳しい相互作用であり、建築は、それ自体協和音はもたない。過去とのきずなは、中に住もうとする人たちのそれと同じ要因をなし、運動や変化の中にあってはじめて形態が連続して出てくる。そこには、外形的な限界をこえた言外の意味が明らかになる」ということなのだ。

ちょうどキュービズムが、多角的な視点移動による対象の分析によって色あせた古典的な秩序を崩壊することはできたとしても、結局、閉鎖的な枠をこえることはできなかったように、CIAMもまた古典的な美的秩序の破壊に成功したとしても、建築がそれ自体の協和音をもつと信じていた以上、閉鎖的な美的秩序を越えることはなかった。CIAM運動が浸透するにつれて、機能的建築の修正というういいわけのもとに、ネオ・バロックや彫塑的傾向が現われたことがその証拠であろう。チーム・テンの意図は、建築を閉鎖的な美的秩序の枠から解放して、運動や変化の中に新しい空間の形態を見出そうとするところに根本的な違いがある。

＜刺激の方法＞

「会議の討議主題は、都市の基本的な骨組と個々の建築群との相互的な概念に焦点を合わせることになる。現在までにコミュニケーションのシステムが都市の骨組になり、個々の建築群に組織化へのポテンシャルを考えるということはかなり明瞭になっていると思われるが、このコミュニケーション・システムによる組織化へのポテンシャルが、どのようにして実際の個々の建築群の中で接続するかという問題、言いかえれば都市の基本的な骨組の〝浸透性〟については明瞭になっていない。

現在、この問題について二つの方法が見受けられる。一つは、建築群の中に〝基本的な骨組〟を挿入しようとするもので、その基本的な骨組は成長の可能性をもったシステムとして設定されるが、最終的なかたちは予期することができない。もう一つの方法は、すべての構成単位は最終的に予期されたかたちに導かれるという建築的アプローチである。」

これは、一九六一年パリ・ロヨモンで開かれた、チーム・テン会議の討議主題として定められた見解である。

都市や建築が、未来へ向かって成長し変化してゆくとすれば、完成した建築の姿は最終的な「かたち」ではない。といって、建築家が変化してゆく建築のかたちを予想することはできない。それでもなお、美しい感動する空間を創りたいという建築家の主体性は、具体的にどのように確立されるのだろうか。

「原型（Archetype）」という概念は、古代ギリシャに伝わる舟のつくり方の伝説に起因しているという説がある。彼らは、舟全体のかたちを模写することによってその技術を伝えたのではなかった。その最も基本的な構造単位となる肋骨の美しいカーブのすがたと、そのディテールの仕口に、一切の全体像への手がかりを封入したのである。舟の全体のかたちは、時代や職人の個性によって変わることはあっても、その一つ一つに共通する素型（すがた）があった。それをArchetype（原型）と呼んだのである。

新陳代謝（メタボリズム）する空間の美学があるとすれば、この「原型」の美学でしかあり得ないだろう。私が提案している螺旋人工土地・二進法交通・媒介空間（コネクター）なども、「原型」あるいは「素型（すがた）」であって、「形態（かたち）」以前のものであった。「原型」とは、ちょうど古代ギリシャの舟の場合と同様に、誰でも利用でき、誰のものにもなるからである。

私たちの社会は、今後ますます疑わしい不確かな条件に満ち満ちたものとなってゆくに違いないのだが、その混沌とした状況の中で建築家が主体性を保っていけるとすれば、この混沌とした状況の中に潜在するポテンシャルエネルギーに刺激を与え、誘導してゆくシステムを発見しなくてはならない。

成長し変化してゆく環境に、基本構造（インフラストラクチャー）を挿入しようとするのも、予想できない不確かな要素をむしろ積極的に拾い上げようとする主体的な行為に外ならないのである。東京計画一九六一における環状交通単位は、混乱した東京に挿入される基本構造（インフラストラクチャー）であり、潜在するばく大な民間投資を誘発する公共投資として計画したものである。

ここで、基本構造である道路を単位構造として考えているのは、自動車道路を大都市の基本構造として設定した場合、その基本構造すら成長し、変化するものと考えられるからである。これに対して、人が歩くための歩道、つまり「道の建築」を都市の基本構造と考えた場合、基本構造としての耐用年数はかなり長いと考えてよいのではないだろうか。

刺激の方法としての基本構造は、できるだけ強烈に浸透し、できるだけ長く反応しなくてはならない。日東食品の柱に封印された「節」は、できるかぎり強烈に成長・変化を刺激する必要があるし、丸亀国民宿舎の「道」は、できるかぎり強烈に、長く、成長を刺激するものであって欲しいのである。

〈原型の美学〉

「美とは見て快いものである」(トマス・アクイナス)

「美は認識の対象ではなく満足の対象である」(カント)

「美は理念の感覚的現象である」(ヘーゲル)

ヨーロッパの合理主義精神は、美は思考できるものであると教えた。美とは、合理的に創造されるものだったのである。そこで人々は、美の秘密をプロポーションに求めようとする。

古くはビトルビウスの「建築十書」、そしてまた、ル・コルビュジエの「モデュロール」は、この意味でヨーロッパにおける美のとらえ方の典型であると言えよう。しかし実は、ロートレアモンが「解剖台の上でミシンとこうもり傘が偶然に出会ったように美しい」(マルドロールの歌)とうたったとき、すでに古典的な美の秩序は蒸発したのであった。美が、思考されるものであるというよりは、行為を通じて発見されるものであるとすれば、「美とは痙攣的なものであるか、さもなくば存在しない」(ブルトン)ものになってしまうのである。

ヨーロッパで、モデュールが全体の調和・統一に重点を置いているのに対して、東洋では、わが国の三尺×六尺の寸法が、人体の「寝る」という静かな寸法であり、四尺×八尺が人が運動するときの動きの寸法に基づいているというように、二種類の寸法の網目は設定しても、全体の調和のための寸法の序列については無関心であった。「木割術」にしても、全体を構成する手だてを重視してはいても、全体の調和に関する寸法の序列を行なっているわけではない。

東洋の美に対する欲望は、固定された「形態（かたち）」にあるというよりは、時と共に移ろうものの「素型（すがた）、素振り」にあったと言えよう。当麻曼荼羅縁起絵巻には、同じ空間の中に時間の経過を描いた異時同図法がみられる。人々は絵巻きをひもときながら、自分で勝手に枠を設定して物語を追うのである。ここにも、日本人の「移ろいやすいもの」を表現することの関心をよみとることができよう。

この傾向は、中国の絵画では「気韻生動」という言葉で表現されている。山水画に典型的にみられるように、自然を美しく描くことではなく、自然のもつ「気韻」が表現されねばならないのである。山肌がたとえ非現実的なほどそそり立ち、そのふもとに非現実的なほど静かに立つ仙人がいても、それは「気韻」そのものの表現なのである。

「素型（すがた）」「素振り（そぶり）」「気韻」こそ、「原型」にあたるものではないだろうか。伝統工芸が美しいのも、大衆が生活の行為を通じて創造してきた「原型」の美しさがあるからであろう。桂離宮・二条城の書院・苔寺の庭が、成長と変化の歴史を経ながらそれぞれの時代に美しいと言われてきたのも、障子のパターンといったようなディテールの構成の美しいプロポーションとは別に、「原型の美」があったからに違いない。
完成した建築が、その直後から変化してゆくという社会の不確定な要素とのかかわり合いを、設計から施工、そして成長・変化・破壊という行為自体の中で創造行為に高めてゆくのである。私は、開いた心で「原型」を現実にぶつけてゆくつもりである。

かたちの論理

かたちの論理を語ることは自分自身の未知に対する挑戦でもあり、もしそこに論理的な体系があるとすれば、実践を通じて得た実体的な事実が、いかに「かたち」と「思想」との間の断層を照射しているかということなのだろう。

〈実践の論理〉

ここ五・六年の間、メタボリズム・グループの運動を通じて、私の心を占めていたのは CIAM 運動を通じて達成された、ル・コルビュジエ、グロピウス、セルト、ローエなどによる近代建築運動の成果を再評価すると同時に、そこに横たわる本質的な矛盾をも明らかにするということであった。

たしかに、CIAM 以後生まれたグループ活動、チーム・テン・グループや動く建築研究グループの仲間たちとの交友から得た共通の目標は、機能主義を乗りこえることにあるということだったが、私にとってはそれは、かならずしも機能主義を否定することではなく、むしろ、よりつきつめて機能的方法を追求することから逆に機能と対立する空間を触発させ、「かたちの論理」を機能的方法の中に胎内化することなのである。近代建築運動の成果を一口でいうと、停止した時間における空間の機能的把握にあったといえよう。

産業革命以来、いちじるしく速度を早めた機械の攻勢は、二〇世紀初頭の生活空間の秩序を徹底的に混乱させていた。建築を明快に機能分離し、「太陽・緑・空間」をふたたび人間のものにしようとした CIAM の運動は、その理論的明確さと具体的な創造によって検証するというわかりやすさに支えられて、またたくまに世界各国に定着したのであった。

しかし本質的な誤りは、時間を停止させたという行為そのものにある。もちろん二〇世紀の初頭における社会・経済・技術の状況は、W・W・ロストウの経済発展の段階でいえば、離陸期からやっと成熟期にはいろうとしていた段階であり、それだけにその変化の速度は、現在われわれが住む社会の状況と異なるものであったといってよい。つまり、建築とか都市の空間を機能的に把握する際に、それほど時間的な変化や成長の機能を導入する必要がなかったであろう。

ル・コルビュジエの傑作の一つ、マルセイユのユニテにしても、ローエのレイクショアドライブアパートにしても、また CIAM の総決算ともいえるシャンディガールやブラジリアの都市設計にしても、そこには何らの成長・変化の概念は見受けられないのである。私が新陳代謝する空間（メタボリック・スペース）なる概念を原型（Archetype）として持っているのは、空間のより機能的な把握をつきつめていくためには、時間的なファクターを実体的な機能として空間の中に導入しなくてはならないと考えているからである。時間の機能が、空間の機能と等価値のものとして方法論に組み入れられたときから、私の心は新しい時代に生きはじめたのである。

そこで「かたちの論理」について語るために、私は次の三つの順序を踏みたいと思う。

1　空間の矛盾を明らかにすること

2　設計の過程を明らかにすること

3　決定の論理を明らかにすること

空間の矛盾を明らかにすることとは空間の分析・把握の問題であり、設計の過程を明らかにすることとは総合へのプロセスの問題であり、そして決定の論理を明らかにすることとは、それらの実践の過程で私自身の中に繰りひろげられている逆転劇である。

＜空間の矛盾を明らかにすること＞

一つのかたちをなしている建築空間のなかにも、さまざまな相対抗する要素が共存しているし、段階の異なるさまざまな次元が存在している。たとえば、建築の耐用年数（寿命）について考えてみよう。鉄筋コンクリート軀体の六〇〜一〇〇年、仕上材の二〇〜三〇年、配管・配線材の五〜二〇年、塗装材の一〜五年という具合に材料の耐用年数はさまざまであるし、経済空間価値を導入した固定資産の耐用年数においても、アパートについていえば鉄筋コンクリート造七五年、コンクリートブロック造五五年、鉄骨造三五年（4 mm＞t＞3 mm）、木造プラスチック造三〇年、建築外のものでいえば上下水道三五〜五〇年、高架道路三〇年、家具・電化製品四〜一〇年と定められている。つまり一つの建築の寿命といっても、実は多くの異なる寿命の複合されたものなのである。といって、建築をそれぞれの寿命をもつ部品にばらばらに分解してしまうことは意味のないことであろう。なぜならば、材料の耐用年数の違いはそのまま空間の本質的な矛盾にはならないからである。

ここで「空間の主体性」を導入する必要がある。空間を客観的に眺めて、その耐用年数の序列や機能の違いを明らかにするのではなく、人間とのかかわり合いかたの本質的な違いを見出せないものだろうか。志賀邸（一九六二年）を設計するに当たって私は、ちょうど街の広場や通りのような性格の居室を住空間の主体的空間としてとらえ、この広場に面して、装置的空間あるいは従空間ともいうべき個室〔便所・浴室・台所・客室・玄関・主人室（ステレオ室）・主婦室（仕事部屋）〕を配した。

装置的空間が技術の進歩に応じて、個室が家族構成や生活水準に応じて、その広さや内容をかえるのに対して、主体的空間ともいうべき居室（居間）は、技術や生活水準の変化を反映しつつも本質的には変わらない場ではないかと考えたからである。そこで、構造的には主空間を鉄筋コンクリート造にしたのに対して従空間をコンクリートブロック造にし、材料的な耐用年数の秩序をつくりだすと同時に空間の発想としては、主空間は「ゆとり」からアプローチし、従空間は「人間工学的」なアプローチにたよったのである。

このような空間の分解は、いやおうなしに建築を分解させ、空間の機能を露出させる結果となるだろう。タケダ理研本社工場（一九六二〜三年）、日東食品本社工場（一九六四年）において、空間の分解はさらに明快に行なわれた。工程ラインは、プラントの空間であると同時に労働する人間の空間であり、それは当然主空間であった。これに対して、変電室・電気・機械室・倉庫・便所などは装置空間であり、その変化も工程ラインの組みかえに応じて変えられるべきものであった。

主空間と従空間が、それぞれの機能を主張すればするほど空間は絶えがたく引き裂かれ、その矛盾する姿を露出することになるだろう。私自身、このような矛盾の露出が建築を崩壊に導くことを知っている。ルイ・カーンのペンシルバニア大学研究所が二〇世紀後半のマイル・ストーンとして記憶されるとすれば、まさに崩壊した建築の偉大な実例であり、それ故にこそ新しい建築の再生の原点だからなのである。

一九六二年のパリ・ロヨモンのチーム・テン会議で、われわれはイギリスからやってきたスターリングのレスター大学工学研究所の計画を討議した。彼の計画もまた、建築を崩壊させるのに成功しているかにみえた。機能が露出し、激突している。その空間もまた原点を指向するものであるには違いないのだが、彼の心情のどこかに矛盾する空間を調和させ、統一しようとする意志が崩壊へと進む空間にブレーキをかけたのではあるまいか。それは、原点であるにはあまりにも平和で調和している。私にとって彼との論争は、そのまま私自身のうちにある危機に対する抵抗でもあった。

そもそも空間における新陳代謝（メタボリズム）概念の導入は、空間の矛盾を明らかにすることによってその対立を激化させようとするものであり、自然主義的な建築の進化論も破壊することによって、人間の主体性を確立しようとするところに意図があった。このことは、必然的に建築の崩壊へ行きつかざるを得ない。私にとってそれが統一的なかたちの否定につながることだとしても、それは止むをえない。なぜならば、新陳代謝する空間の発見は、私にとって空間の死を意味すると同時に空間の再生の原点であるからだ。

＜設計の過程を明らかにすること＞

空間の矛盾を明らかにすることが終局的には空間を崩壊に導くこと、そして実は、そのことが新しい空間への再生への原点なのだということがわかったとして、さてそのような崩壊と再生が、どのような実践的な設計の過程によって実現できるのであろうか。私は、空間の機能と形を一つの本質の裏表などとは考えていない。それは、全く別々に存在する実体だといってよかろう。それだけに私は、秣と水を前にして考えあぐねて死んだという「ブリダンの驢馬」になりたくはない。秣も喰い、水も飲むのである。水を飲むことによって空腹を知り、秣を喰うことによって口のかわきを知るだろう。建築の創造に理論や論理があるとすれば、それは必ず実践過程そのものでなくてはならない。「かたちの論理」を明らかにするために、設計の過程を明らかにすることが不可欠な理由もここにある。

何ごとにおいても創造について語ろうとすれば、必ず未来に対する予測、未知に対する予見を回避することはできない。「かたちの論理」について語るとき、すでに私は直観力という便利なかくれみのの言葉を使う権利を失った。できるかぎり裸で、自分自身の未知に分け入ってみるしかないだろう。設計の過程を、私は次の循環する四段階で実践しているようだ。

原型（Archetype）——型（Type）——造型（Design）——典型（prototype）

西陣労働センター（一九六二年）の設計に際して、私の心を強くとらえて離さなかったのは、昔の都市がもっていた建築的空間と都市の公共的空間の相補的・相互浸透的な秩序が、無惨にもずたずたに切り裂かれているという状況であった。特に西陣地域の通り・辻・袋小路は、昔からそれに沿った町屋の生活空間の延長であり、そこには建築を都市的なスケールへと結びつけるきわめて相互浸透的なアソシエーションの空間があった。

この関係が切り裂かれているのは、自動車が道路にはいり込み、生活空間の延長としてはあまりにも危険であるということと同時に、やはり機能主義都市計画の原理、機能を平面的に分離し、道路と地域とはお互いに切り離すという原理にわざわいされているように思える。そしてこれをさらにさかのぼっていくと、道が公共的スペースであり、都市の公共施設が道に沿っていた東洋の都市空間と広場が公共的スペースであり、そこに公共施設を集中したヨーロッパの都市空間との本質的な違いを発見し、それはまた西欧と東洋の哲学の違いにもあるように思えてくるのだ。

このような観察は、必然的に私を「来たるべき文明の姿」へと目を開かせてくれる。文明の洞察という、とてつもない大洋の荒波の中で、自分の命の中へとり込むことのできた実体的な概念を、いかにそれが断片的なものだとしても、私は「原型」と呼ぶ。「鎖状交通網」（サイクル・トランスポーテーション）、「道空間」（道の建築）、「装置建築（オルガネクター）」等々は、このようにして私が発見した「原型」である。

さて、ここで話をふたたび西陣労働センターの設計にもどすと、そのとき私がとり込んだ「原型」は「道空間」（道の建築）であった。自動車を拒否することによって、通りを生活空間として再生させることは容易であろう。しかし、もし通りが現代の生活であろうとすれば、自動車の侵入を許しながら新しい通りを形成していくしか手はない。今まで建築の外部と考えられていた道を、建築空間として内部化することによって、新しいアソシエーションの場をつくれないものであろうか。これが「道空間」の存在価値である。

この考え方を主軸として設計を進めていくうちに、私は一つの構造を発見した。それは道と同じような役割を果たす情報の流れで建築を串刺しにし、平面計画上のそれぞれの機能も、この流れに沿うように配置していくという方法である。ここで私は、「道空間」という実体概念を使って空間

こどもの国アンデルセン記念館（1965 年竣工）

こどもの国フラワーシェルター（1964年竣工）

の構造化に成功したことになる。このように、原型に触発されて様式をもつにいたった空間の構造そのものを、私は「型」(Type) と呼んだのである。

ここで、空間はまだ「かたち(造型)」を示すことはない。「型」が空間の構造を意味する以上、それは具体的な敷地・予算・住む人などの条件が加わることによってはじめて「かたち」になるものであり、ルイ・カーンのいう Form (かた) の概念に通ずるものといってよい。

その後「道空間の型」は私の作品にたびたび導入されているが、セントラルロッジ・丸亀国民宿舎・アンデルセン記念館・吉松邸と、それぞれかたちは異なるものであることは自明の理である。

セントラルロッジでは丸いかたちの袋小路から発する道が、途中屋外集会場の舞台をその一部分としてのみ込みながらセントラルロッジに達すると、そこで集会室を通って広場(辻)へ出るもの、屋上の道につながるもの、集会室のわきを通って食堂との間の辻につながるものという三つの通りに分かれる。辻は、吹き抜けではあるけれども屋根で覆われた空間であり、街の感覚が建築の中に胎内化されている。街灯もそのまま建築空間をつきぬけ、角には井戸(水飲み)があり、辻に沿って共通で使用する食堂・ちゅう房・便所・浴室・管理人室・機械室・倉庫が、ちょうど街並みのように配置されている。

吉松邸では、十字路を構成する辻に沿ってそれぞれ性格の異なる部屋が配置され、アンデルセン記念館では、辻の中央がふくらんで広場を構成し、辻札ともいうべき陳列ケースがその広場の性格を定めている。このように、共通の財産ともなる「原型」をもつかもたないかが、私にとっては

「かたち」の価値に大きく影響する。そして、このような「原型」をもつ建築や都市を、原型建築・原型都市と呼んで他と区別したのも、実は理由のあることなのだ。

私は建築や都市を、開かれた空間の系として考えたいと思っている。開かれた空間とは、時間的に成長し変化する新陳代謝する空間であると同時に、人とのかかわり合いにとっても、開かれた空間であるかどうかが問題となるだろう。辻という原型は、そこに配置される諸機能の位置や順序については不確定要素として残されているわけで、住い手がそれを深めることもできるし、別の建築家が彼なりに配置を決めることもできよう。このことは同時に、将来建築が増築される場合、その対応は自由であることを意味している。

建築や都市が、共通の財産を発見し蓄積しながら、その中に個性や偶発的な不確定な条件をそのときそのときに反映していくとすれば、まさにそのときこそ、時間の系が空間に導入された証しとなるであろう「造型（かたち）」とは、このような過程で生まれる空間の凍結である。

しかし空間は、「原型」「型」を経て「造型」にいたってはじめて目にみえることになる。それだけに、目にみえないものから目に見えるものへの転換には決定的な操作があるはずで、これを抜きにして「造型」を語ることはできない。この点については後で述べるとして、私はさらに「典型(Prototype)」の段階について話をすすめる必要がある。

「原型」が目にみえない一般概念であるだけに、それは共通財産になり得る可能性を包含していた。しかし、共通財産になり得るものは「原型」ばかりではない。「造型(かたち)」のうち、原型そのものを最も単純明快に象徴しているものが「典型」と呼ばれるものだと考えてよい。ル・コルビュジエのマルセイユのアパートは、彼のピロティなる「原型」を最も単純明快に象徴した作品であるが故に、「典型」として歴史に残るものであろう。このような「典型」は、かたちそのもののもっている象徴価値が、ふたたび「原型」を刺激し、人々の世界観に影響を与えていくものである。

〈決定の論理〉

経験論者であり懐疑論者であったD・ヒュームは、「概念が、その起源を感覚・知覚に持つ以上、すべての総合的知識は経験から導かれる」とし、「明日また、太陽は昇るだろうか」と懐疑の底に沈潜していく。しかし、われわれが創造の仕事にかかわる以上、何らかの意味で未知に対して手を打たなくてはならないのである。

M・ウェーバーが「理想型」なる概念をもち出し、経験を経て「理想型」を動かし変えて、より確かなものにしていこうとするのも、科学哲学を提唱するハンス・ライヘンバッハが「真理」というものがない場合の行動の道具として、「措定」という概念をおき、現実の不確定な要素との具体的なかかわり合いで考えていこうとするのも、未知に対して、ある仮設モデルを設定することによって、手を打っていく方法を示している。

このことは、実は設計の過程を明らかにする際に述べた「型」のもつ意味と同様であり、分析の方法に対応する仮設の方法と呼んでよい。しかし実は、「かたちの論理」のもつ最終的なドラマは、

「型」が「造型」に転換する決定的な瞬間についてである。この瞬間、決定的な役割を果たすのが、空間のもつ象徴性である。

「かたち（造型）」が「典型」となるのは、原型がいかに単純明快に象徴されているかという象徴性に秘密があると述べたのだが、ここでまた「型」が「造型（かたち）」に転換するのは、象徴性にそのモメントがあることを知らねばならない。私にとって、機能と象徴とはお互いに属性をもつものではなく、ある瞬間お互いの立場が逆転するというきわめてきびしい関係にある。

私が、空間の矛盾を明らかにしようと混沌の中にメスを入れるとき、きわめて濃密な空間から突然美しい結晶体が形成されるのを予感することがある。たとえば、都市の装置空間ともいうべき情報空間（業務地域・行政中心を含めた情報産業の空間）は、その時代の最高の技術的水準によって、きわめてシステマティックに形成されるものでなければ装置としての効率は良いといえないだろう。それは、まるで人間的な情感のはいり込むすきのないような精確さで、結晶体を構成するに違いない。

しかし一方で、それを必要とした人間のどろどろした生命は、もしその装置が使いものにならなくなれば常に自己の生命を長らえるべく、さっさとそれを放棄する。現代の技術的な進歩の速度は、昨日あれほどのばく大なエネルギーを投入した巨大な装置であろうと、明日突然に放棄するかも知れないのである。その意味でわれわれの構築する都市装置は、建設当初からすでに崩壊のイメージが封入されているといってもよい。

ところが、もし、われわれの都市空間に都市の象徴として残るものがあるとすれば、それはその時代の総エネルギーと最高の技術を結集してつくられたものであってこそ、その時代を象徴するシンボルとして残っていくのではないか。そもそも象徴とは、ある瞬間凍結してしまうものであり、それ故に、ある日突然に廃墟になる装置空間こそ、都市の象徴になるといえよう。ここで空間が逆転したことを知る。最も装置的で、廃墟になる寸前まで激しく新陳代謝するであろう情報空間が、ある日不動の象徴に逆転する。

この事実をさらに別の側面から追ってみよう。文化人類学者の梅棹忠夫氏が指摘するように、人類が地上に二本足で立ったとき、精神は最高度に完成しており、原始人と現代人の違いは物質生活の面にあるとすれば、私のいう装置空間が突然変異的に進歩していくのに対して、精神そのものによって形成されていくような生活空間は、原始時代から現代にいたるまで本質的に変わりない。あるとしても、生活空間に付属する装置（設備や道具）の変化であろう。

極端にいえば、生活空間は彫刻家でも素人でも、建築家と同様につくることのできる空間である。芸術的空間といってもよい。その空間の特色は、装置空間が結晶的であるのに対して溶液的と表現してもよいだろう。ところがこの溶液を煮つめていくと、生活空間内部に装置が胎内化されることによって、芸術的空間が結晶体を形成することが可能なのである。このことは、機能と象徴との逆転的な関係を物語る一つの例であろう。

ゲーテは、彼の植物の変形に対する研究の中で次のように述べている。「植物の変形は、拡張と収縮の二つの作用を交互に繰り返しつつ、葉の変化していく過程にすぎない。種子から始まって茎葉の最高の発展にいたるまで、まず拡張がみとめられる。続いて収縮によって萼が生じ、次に拡張によって花弁が展開し、さらに再度の収縮によって性的部分が生まれる。やがて果実において最大の拡張があらわれ、最後に種子における最大の収縮となる。しかも、これらの六つの器官は、それぞれ全く違った外観を呈している」。

収縮と拡張という逆転的な運動を繰り返しながら、種子から形成された構造がふたたび種子を胎内化する。生体が成長する過程では、必ずアナボリズム(構成作用)とカタボリズム（破壊作用）があり、それを総合的にメタボリズム（新陳代謝）システムと呼んでいるように、建築の空間にも、それをばらばらにしていく装置化への方向と、それを全体に統一しようとする象徴化の方向とがあり、お互いをお互いの中に胎内化しながら、逆転的に空間を形成していくものではないだろうか。

私はこの過程について一九六〇年に発表した論文「メタボリズムの方法論」（近代建築一一月号）において、エントロピーの概念を用いて説明をした。建築とか都市のシステムについて考えるとき、生命体のもつシステムをモデルとして考えることが、私にとって大変なヒントになっているからである。

生命体とは、エントロピー増大の過程だと定義される。わかりやすくいえば、単純な組織から複雑な組織への移行であり、冷たい状況から熱い状況への移行である。ボルツマンは、これに確率の概念を導入して確率的に判別し難い状況への移行であるとした。この定義は、建築や都市の空間の形成のされかたにもあてはまると考えているのが私の立場である。

しかし単純な構造から複雑な構造への移行は、延長的・連続的に行なわれているのではない。社会が複雑化していく過程には、必ずそれを組織化しようとするエネルギー構造が投入される。水蒸気が、充満していくある限界点で、塵を投入すると水滴が形成され、さらに次の段階への水蒸気の充満を可能とするように。組織化・秩序化へのある構造の投入は負のエントロピーと呼ばれるもので、これこそ「かたち」の形成そのものなのである。一般に「かたち」を最終的な結果だという前提にたって物事を考えがちであるが、「かたち」への空間の秩序化とは実は、次のエントロピー増大への一瞬間であると考えたいのである。

セントラルロッジの設計をすすめるにあたって、私が直面した問題は空間の自由についてであった。セントラルロッジの性格がきわめて抽象的であり、その利用の仕方も、今後子供たちの自主的な運営によってしだいに定められていくだろうという前提があった。そこで私に与えられた使命は子供たちに強く語りかけながら、しかも子供たちが自由に使いかたを発見できるような、そんな空間を創ることであった。

この命題はしかし、特殊な問題ではないのである。時間を空間機能と等価値な機能として直接的に創造の中に組み込むためには、われわれは二つの方法で空間を解放し、自由にしてやらなくてはならない。

その一つは（第一命題）、空間が成長したり、変化したり、とりかえたりできるシステムを発見すること。これに関しては、一九六〇年以来数年間のうちにメタボリズムの方法論として、一つの目途が立ったと考えている。もう一つは（第二命題）、空間がだれとでも対話できる自由を発見すること。第一の命題はシステムの問題であり、メカニズムの問題であった。つまり、空間の装置的な側面を機能的に追求し、時間の機能を直接的に導入することであった。第二の命題は、かたちの問題、機能と象徴の逆転的関係を明らかにすることである。

ミース・ファン・デル・ローエは、ユニバーサルスペースという空間概念を追求した。空間が人間とユニバーサルな対応をするのを理想としたのである。しかし、いみじくも後に丹下研究室が、無限定空間という言葉に訳したように、ユニバーサルな空間とは無限定であって、極端にいえば、どうにでもなる空間であった。どうにでもなる空間が、人と対話できるはずはない。

私は、「無限定空間」に対して「自由空間」を設定した。限定されているのに自由に対話できる空間という意味である。セントラルロッジの食堂・集会室を「自由空間」としてとらえることは、決してどうにでも使える空間をつくることではなかった。食堂という機能をもっとも象徴する食卓をとりだし、それを象徴的に建築化することによって、むしろ食堂という空間が抽象化され、飯を食う空間以外の何ものかが得られた。具体的な象徴を投げ入れることによって、食堂の機能が新しい機能を生む自由を獲得したのである。集会室においても同様に、演壇と座席という集会室の機能を象徴的に建築化することによって、集会室は自由な空間になったのを実感したのである。

さて、そのようにして得られた自由空間を低層群として一階にまとめるとき、その中央に共通施設という低層群の機能をもっとも象徴すると思われる「広場」(または「辻」)を導入し、それを屋根で覆って建築化することによって、建築全体がキャンプ場の共通施設としての機能以外の何ものかを得たのである。この何ものかというのは、空間のもつ象徴機能であるといってもよい。

より単純に機能を表象する象徴を発見すること、それを機能の中に胎内化すること、これが「かたち」が生まれるときの秘密である。単純に機能を表象する。これは実際にはなかなかむつかしいことである。しかし一つのヒントは、ハーバード・リードのいう原初的シンボルのもっている意味ではないだろうか。象徴そのものが形式化された機能ではなく、人間欲求の機能をいかに端的に人に伝え得るかである。それは生命の表象といってもよいものだ。

ル・コルビュジエは、「太陽・空間・緑」という人間欲求を発見し、それを機能的に秩序づけようとした。しかし、それらのもつ表象的イメージを実体化できなかったところに、彼の失敗があった。コルビュジエのマルセイユのユニテで、インドのシャンディガールで、そしてまたルチオ・コスタ、ニーマイヤーのブラジリアで、太陽・空間・緑を欲求した「人間」を発見できなかった。

私はそれを乗りこえたいと思う。抽象的な人間の欲求ではなく、具体的な人間の欲求のなかから、人間生命の表象を発見していきたい。そしてこれを可能にするのは、機能主義に対する造型主義だという誤った人々をも粉砕するために、機能主義の旗をより高くかかげて進みたいと思っている。

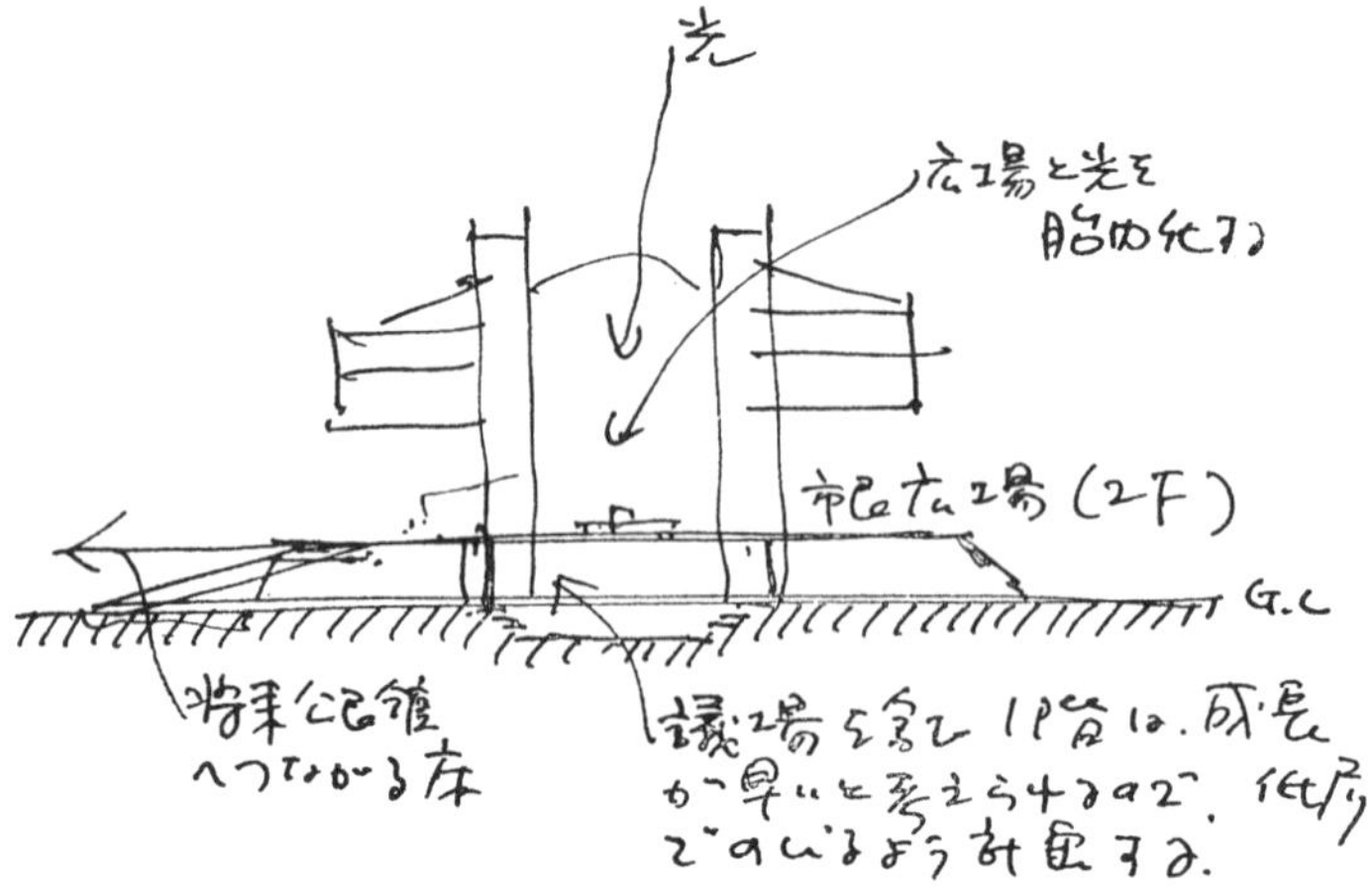

寒河江市役所断面スケッチ

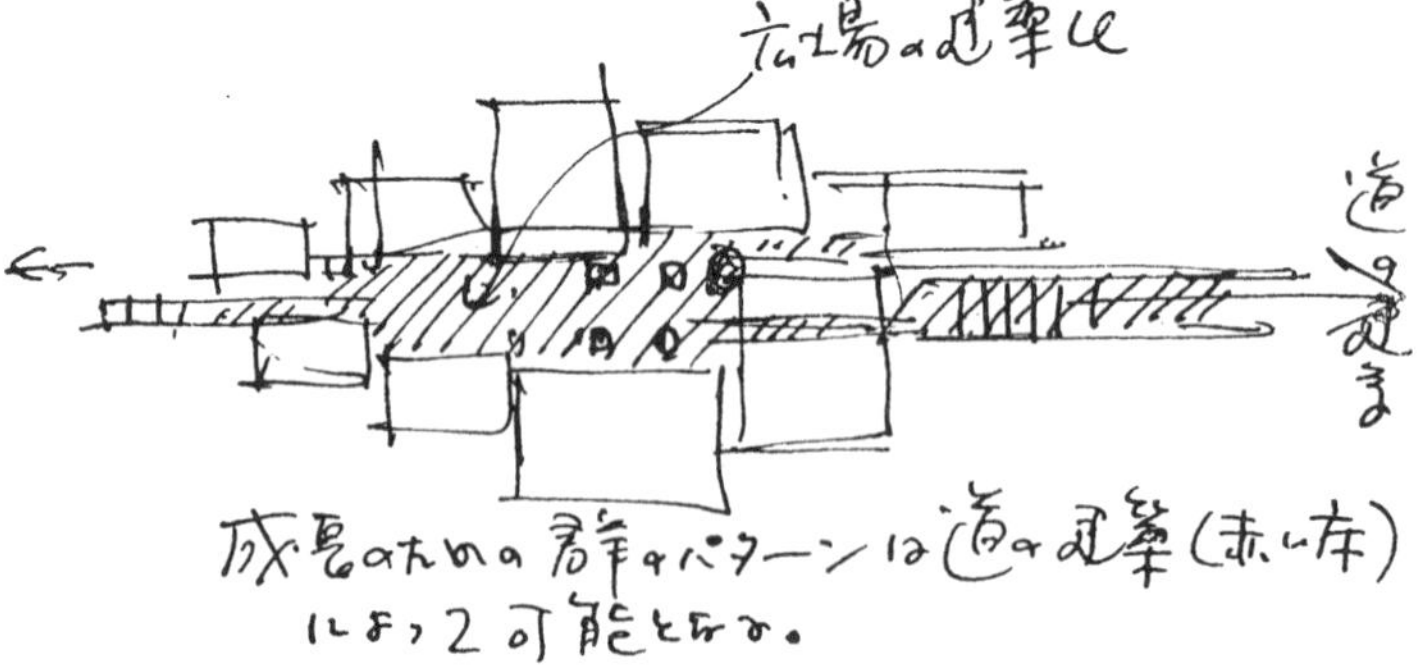

こどもの国セントラルロッジ平面構成スケッチ

第四章　現代建築と都市

現代の状況

〈潜在するエネルギーの誘導〉

現代はコンフュージョンとカオスの時代であるといわれる（Arts & Architecture 一九六一年五月号、グロピウスの講演論文、P・A一九六一年三月〜五月「建築の状況に関するシンポジウム」）。その言葉は現代の状況の一面を的確に述べているが、ばく然とその状況に期待をかける態度からは何の足がかりもつかむことはできない。重要なのは、現代のこの状況をどう認識するかということである。

現代の技術革新とエネルギー革命は、われわれ社会の潜在エネルギーを増大させ、その潜在エネルギーの増大が、次の段階への発展の可能性を誘導する。カオスこそ希望であるというのは、「偶然がすべてを支配するような状態」の底にある潜在エネルギーに対する期待といってもよい。

建築家の創造は、現代の状況の認識から始まる。現在の条件との戦いの中で、建築家は方法を持つことができる。現代の状況から抽象化された普遍的なシステムが、個々の条件と激突してかたちとなっていく。建築家の心の中に抽象化された現代と、現在の条件の中には、きびしい断絶や不連続がひき起こされるかもしれない。「現代」とは、建築家にとって現代の状況の認識であり、創造行為を通じての現実の条件との具体的なかかわり合いが「現代」であろう。

混乱と多様性の状況の底にあるものは潜在エネルギーの増大である。それは、一方では技術による可能性の増大がもたらしたものであり、他方ではエネルギーによる可能性の増大がもたらしたものである。一九世紀の産業革命は、その時代の技術とエネルギーの可能性を増大させることによって、生活環境の都市化を促したが、それは生産的な求心的な都市化への動きであった。この都市化の進展が結果として消費的な遠心的な発展のポテンシャリティーを高め、第二の都市化への可能性をつくった。

生産都市が消費的な都市化を促し、そこに生ずる潜在エネルギーが次の生産へ結びつく。それはちょうどエントロピー増大の過程のように、組織化・都市化が多様化・個別化・流動化への媒介となり、その流動化が次の組織化・都市化を求めていくというダイナミックなプロセスとして考えることができる。

〔エントロピーの概念は「進化論」に適用された段階から、ボルツマンにより確率論との結びつきがなされた。エントロピーの概念は、確率的な社会の進行を認識する助けになる。近代建築一九六〇年一一月、「メタボリズムの方法論」(黒川)、一九六一年「メタボリックスペースの概念」(黒川)〕

ここで、建築家の果たす役割は誘導された潜在エネルギーに刺激を与え、次の段階へ移行させうるような方法を発見することであろう。現代の把握は、現代の条件と建築家のぶつかり合いから始まり、そこにシステム〈創造の方法〉が生まれる。

各国がそれぞれ別々の条件の中で活動していながら、各国の建築家が同時に同じことを考えていることがある。この場合、彼らはそれぞれ現代に立ち向かい、現代を認識することによって同時性を得たのである。コミュニケーションの発達による相互理解と共に、認識の同時性は常に、組織・運動へのモーメントになるであろう。なぜなら、現代の状況の認識は普遍性をもつものであるからだ。CIAM の運動もそうであったし、新しい TEAM X の動きも、ルイ・カーンの哲学も、その現代の状況認識の同時性の故に世界性を持っている。

建築の創造行為は、その状況の認識がそれぞれの国の現代の条件にぶつかるときに生まれる。各国の建築家のもっている〈方法〉の違いは、この条件とのぶつかりの中で生ずるものであり、建築のもつ地域性とは、この戦いそのものではないだろうか。

その一つの態度は、現代を人間性と技術・人間と機械との耐え難いばかりの亀裂にあると認める立場から、物事を、人間と物質・小さな尺度と大きな尺度・内部空間と外部空間に分けて、その間に横わたしをしようとする〈二元論〉、あるいは〈素朴な弁証法〉である。しかし、ここで問題となるのは、現代として認識されたこれらの「両極」が本質的に矛盾であるかどうかということだろう。両極の間に「秩序あるハイアラーキー」を設定しようとするシステムは、自ら矛盾を解消することになり自己撞着に落ち入る。

もう一つは、カオスそのものを秩序の一つの形態とみる態度である。つまりカオスの中に潜む民衆の生命力・変化・多様性・群化を読みとり、その潜在エネルギーの増大を積極的に押し進める方法である。

CIAM の運動が終わりを告げたことを、われわれはもう少しよく考えてみる必要がありそうだ。CIAM の基本的な態度は、混乱を彼らの考える閉鎖的な秩序の美学へと強制することであった。そこには現代の条件との関係の中で、動き変化していく〈開いた美学〉はなかったといえよう。TEAM X, GEAM, METABOLISM などの新しい運動の基本的態度は、変化するプロセスを創作の方法に導入しようとする「開いた美学」だといってよい。

TEAM X のピーター・スミッソンのロンドンの道路計画スタディ、ベルリンの道路計画は、コミュニケーションのネットワークを都市のインフラストラクチャー（基礎構造）にし、それを媒介として都市の潜在ポテンシャルエネルギーを増大させようとするものである。

これらのシステムが潜在エネルギー増大の方法である以上、それは都市に対する強力な秩序の導入というよりは、都市の潜在エネルギー、つまり可能性への「刺激の方法」であり、モビリティ（流動性）・変化・多様性を単なる現代の状況ではなく、新しい可能性の要因として考えようとするための「媒介の方法」なのである。

ルイ・カーンの「リアライゼーション」「フォーム」「デザイン」という段階説のうち「フォーム」という概念は、この「媒介の方法」といってよい。

「作業仮設」としての「インフラストラクチャー（基礎構造）」は固定化された秩序のパターンで

はなく、現在の条件の中からエネルギーを引き出し、造形化するための媒介である。これに対して「インフラストラクチャー」を設定しないで、むしろ現在の個々の条件をとらえることから全体へ外延しようとする方法がある。いわば「単位の方法」である。

ヴァン・アイクは「住宅は小さな都市であり、都市は大きな住宅なのだ」というところから彼の方法を発展させようとする。単位と全体が全的に相互の関係におかれるとき、住宅は都市そのものになるのである。彼のこの方法の背後には、ユダヤ哲学者でありシオニストであるM・ブーバーの哲学がある。M・ブーバーは「なんじ」と「われ」また「なんじ」と「それ」という根源語にかえって、その相互的な関係の中で存在を考えようとする。この考え方には、インド哲学の影響もみられる。インドの建築家ドーシーも、単位と全体・建築と都市・内部空間と外部空間を全的に相互に関係して連続するものとして考えようとしているが、その底にはインド哲学、絶対不二説がある。ヴァン・アイクのアムステルダムの子供の家や、都市計画における「二重現象の方法」はこうして生まれる。

アメリカのジョイント・センターを中心とする都市へのアプローチの場合も、一般的にいって、作業仮設として「インフラストラクチャー」を考えるというよりは、むしろ現存の個々の条件をビジョナルなパターンとしてとらえ、「試行錯誤」を通じて漸次的に相互の関係を明らかにしようとする方法となる。〔この方法の背景には、経験と行動に主体を置くプラグマティズムや、将来の予見予測を不可能として、歴史主義を否定しようとするポパーの「漸次的社会工学」の哲学、そしてさらにアメリカのばく大な資本投下・資本蓄積がある。」つまり、これもヴァン・アイクのもっている「単位の方法」に近い外延的な方法ではあるが、北欧の建築家たちが単位と全体の間を「人間の感性」とか「作法」でうめて行こうとするのに対して、アメリカでは計算にのる「合理性」によってとらえていこうとしている。

わが国は戦後強いアメリカの影響を受けた。わが国の現代とはアメリカの現代の反覆でもあった。〔戦後の再開発、高速道路、スーパーブロック、そして超高層建築という手法に明らかにリトル・アメリカ的な建築的現代の状況がみられる。〕しかし、そのリトル・アメリカ的な現代と日本の条件の間に大きな壁がある。そこでこの混乱する都市の中で、試行錯誤による「合理性」の追求と同時に、資本投下の効率・エネルギー消費効率を得るための「作法」(フォーム)が必要であろう。「インフラストラクチャーの方法」や「単位の方法」といったシステムも、混乱の中にある潜在エネルギーを誘導する「作法(フォーム)」になるとき、はじめて混乱こそ希望であるといえよう。

〈マスタープランの時代からマスターシステムの時代へ〉

三一メートルの高度制限が解かれ、建築界は今や超高層建築への夢であふれている。建設業者は「この機会をのがすな」とばかりに、施主をくどいて青写真づくりに忙しい。それもそのはず、三〇階のビルともなれば一〇〇億〜二〇〇億の工費となり、これを数件引き受けるだけでも大きな仕事になるからである。もちろん、建築材料業者もだまっているはずはない。カーテンウォールをはじめ、さまざまな建材がしのぎをけずって宣伝に努めている。

三一メートルという中層建築の経験しかないわが国の建築界にとって、「超高層建築への夢」が、新しい施工法・新しい材料・新しい構造計画への大きな刺激となり得ることは否定できない。それはそれとして、「超高層建築がなぜわが国の都市に必要か」という都市計画上の根本問題は、はたして十分論議されているだろうか。これが解決されないかぎり、人間の環境計画の立場からは両手をあげて歓迎するわけにはいかないし、施主・業者にとっても、利益どころか大損のおそれさえあるといえよう。

ここで、高度制限に代わって出現する容積率について考えてみよう。これは、敷地面積に対する建築の延床面積の比を抑えることによって、高層建築を建てる場合には、敷地一杯に建てられないようにするわけである。たとえばネット容積率五〇〇%とすると、敷地いっぱいなら五階建のところ、敷地半分に建てれば一〇階建が建てられるという計算になるわけだが、実際には高層化するにつれて、床面積の増加効率は落ちてくる。

イタリーのミラノに、ジオ・ポンティの設計したピレリービルがある。これは三三階建の高層建築で、敷地面積七、三〇〇平方メートル、建築面積三、〇〇〇平方メートル、延床面積五七、〇〇〇平方メートル、建ぺい率四〇%、容積率五八〇%である。ここで施主の立場から延床面積だけを問題にすると、たとえば東京ビルのように建ぺい率八〇%で八階建なら同じ床面積が得られてしまう

(東京ビル＝敷地面積三、七五〇平方メートル、建築面積三、〇〇〇平方メートル、延床面積二七、六〇〇平方メートル、建ぺい率 七九%、容積率 五八〇%)。いいかえれば現在丸の内付近は、シーグラムビルやピレリービルと同等、またはそれ以上の規模のビルが建っているわけである。

たしかに現在、都市のマンモスビルを占居している企業体をみると、そのビル全体を使用する規模をもつものは少ない。しかも、都市の接触利益を求めてますます進出してくる中小企業体の貸ビルとして、現在考えられている高層化がふさわしいかどうかは、大いに疑問があろう。

容積率のもっているもう一つの意味は、高層化によって得られる足下のスペースを都市的な施設、特に自動車さばきのスペースとして使うことによって、少しでも都市交通を緩和しようということである。何万人という都市の単位に近い人の動きを収容するマンモスビルが、この配慮なく建てられていること自体驚くべきことなのだが、たとえパーキングスペースがその建物の周辺(地下も含め)にできるというだけで、交通が処理されるとは思えない。数千人の人々が集会するのに、下駄がぬぎすてられる広い玄関をつくったからといって、その混乱がおさまるものでないのと同様である。

道路から駐車場へ、駐車場からエレベーターへ、また高速道路から駐車場へという流れが、どこへもネックが生じないように処理されねばならないし、大量交通機関のステーションと建築との結びつきも問題となるだろう。そもそも超高層建築を必要とする都市の業務地域は、情報の生産・情報の交換・情報の連結を目的とするものである。将来、情報交換が機械化され、テレタイプ・電話

・電信・IBMなどにおき代わっていくとしても、他方、人と人が直接会うことによってしか果たせない情報の交換の量も増加する。これは、いいかえれば個々の人間の不確定な動きの増加であり、自動車交通の増加でもある。

ところで現在の高層化は、それぞれの建築がたとえ並んで建てられたとしても、共通の接触面は地上であり、地表の接触面における情報処理能力がその建物の情報効率と情報密度をきめてしまうのである。つまり、たとえ建築は高層化され情報発生の容量は増大しても、都市全体としての、あるいはその地域全体としての情報体系の立体化にはなっていないのである。平面を折り曲げて立てただけの高層化は、やはり平面でしかない。容積率という空間規制は、他方で情報密度制限という内容規制を伴わないと、いつ凶器になるかわからないといえよう。

超高層建築あるいは超大規模建築の場合、その敷地の単位は当然今までのセクターをこえたものになろう。すでに丸の内周辺でも、敷地単位の巨大化は始まっている。この単位の大きさでもって、自動車の量とスピードに対決し、またその単位内部の複雑な情報の流れを整理し、簡潔化しようというのがこのスーパーブロックの開発方法で、アメリカでは都市の情報処理はスムーズになり、効率は高まるけれども、問題はスーパーブロックが成立するための外部条件である。

たとえば銀座のような地区に、こつぜんとしてスーパーブロックが誕生したとしても、それは外との出入りが極度にネックとなるバチカン王国のようなものになるに違いない。つまり、周辺の道路・高速道路との連結・できたスーパーブロックの外部の建築との結合関係が解されなければなるまい。

高層化とスーパーブロック化は無縁のものでなく、再開発単位の規模・再開発に対する投資が大きくなるにつれて、スーパーブロック方式がクローズアップしてくる。高速の自動車交通を前提とするかぎりにおいて、道路とブロックとのとりつき部分の処理は大きなスペースを要し、小ブロック単位の開発では対抗できないものになることも、理由の一つにあげられている。しかし、ここで私が問題にしたいのは次の二つの点である。

一つは、わが国の都市開発における投資額の量と、投資のされかたである。そもそもスーパーブロックの方式は、土地をまとめて手当てして巨大な集中投資を行ない、それをバックアップする形での巨大な公共投資（都市施設に対する投資）が得られるという、アメリカで成立してきた方法である。わが国の建設投資が急激に増大し、将来この傾向は、ますます激しくなることが予想されているが、アメリカのように湯水のごとく公共都市施設に投資するわけにはいかない。

中小規模の公共投資をさそい水として中小民間投資を誘導するためには、中小ブロックによる再開発の方式も研究されねばなるまい。超高層ビルにしても、単位企業の職場として組織されるのは、大都市においてもせいぜい二〇％であり、他は中小企業体の多用途ビルになるとすれば、なおさらのことである。

業務地域における情報流は、地方から中央へ、都市周辺部から都心部ヘッドクォーターへという求心的なもの、一定時間の通勤ラッシュと同時に、業務地域内におけるブラウン運動的な情報流があり、これも将来どんどん増加することを忘れてはならない。

広い幅の高速自動車流にとりかこまれて、点々と孤立するスーパーブロック島ということにならないよう、緩速交通網の整備・毛細連絡網整備にも力を入れねばなるまい。緩速交通網は、なるべく網目の密度を高めるべきであり、両側路上駐車が終日許されるような建築と自動車・人間の関係が残されるべきである。このためには、中小ブロック単位を前提にした上で、それらをいくつかまとめて高速自動車流の河に沿わせるという方法もあろう。

さて、もう一つの問題点は、スーパーブロックの手法が、人間の環境というよりは、自動車側からのアプローチではないかという疑問である。たしかに、自動車流の河川にとりかこまれたスーパーブロック孤島は人間の王国かも知れないが、孤島から一歩でると外は危険というのでは島流しに等しい。そこで、自動車道と平面で交差しない歩道網・緩速自動車網をつくるという人間環境の側からのきめの細かい計画と共存できるような開発方式を考える必要がある。

従来より都市の計画といえば、マスタープランづくりであった。マスタープランといってもそれが具体的な絵になるときは、何年か先の人口を想定し、道路を計画し、街区をきめ、用途地域をきめるのである。つまり、何カ年かで完成することを目標にした「絵」である。実際に都市の人口的・経済的なポテンシャリティーが低かった時代、都市がマスタープランの「絵」のとおりにつくられたこともあった。

都市構造が閉鎖的な経済圏から急激に広域の経済圏へ拡大し、ポテンシャリティーが高まってくると同時に、人・もの・金の流動性が進行してきたところに、現代都市の直面している問題がある。経済五カ年計画と一体となって進められているソ連の都市計画でさえ、マスタープランをいかに修正していくかということが問題となっている。経済的な変動、零細にして複雑な土地所有形態、民間投資に対してまだまだ少率の公共投資というわが国の実情の中では、何年か後に完成するのを目標とするマスタープランの意味が薄いのは当然であろう。しかも、開放的な経済圏と流動性をもつ現代都市においては、固定的なプランに対していかに成長し、いかに変化するかという都市の新陳代謝のシステムが問題になる。

アメリカの都市計画は、まさに「自動車に追いまくられて、それに手をうつこと」だったといってよいだろう。わが国においても、自動車の増加による都市交通の問題は、都市計画にとって大きなモメントになっていることは確かである。しかし自動車の問題も、実はその底にある都市構造の流動性、つまり人・もの・金の流動性の中でとらえられなければ意味がなく、アメリカが犯した誤りと同様に、自動車のための都市づくりのおとし穴に落ち込む危険がある。

用途地域制にしても、平面的に住居地域・商業地域と色分けができるのは、実は都市そのものが平面的な空間利用しかなされていない時代の産物であり、将来、都市の高層化が単にビルの高層化から脱して、空間の立体的利用という段階に進むにつれ、立体的な用途地域制を考えるべきときがきたはずであり、現在すでに複合機能建築によって、実質的には平面的用途地域制は効力を失いつつあるといってもよいであろう。

用途地域制とともに、マスタープランにおいて主役を演じていたのは道路計画である。昔、道路が生活空間の延長として実質的に都市空間のアマルガメーションの役割を果たしていた時代、道路を計画するということそれ自身が、都市の空間の性格を決めることでもあった。その後、道路に自動車が現われ、遂には道路が自動車のものとなると、道路が都市空間をつなぐ機能としての重要性は高まったのに反して、道路計画そのものが「人間不在」になった。

道路の計画とは都市機能の計画であり、人間のための空間設計とは直結しなくなったのである。しかし「人間不在」の都市計画をふたたび人間のものとするために、ふたたび道路を生活空間の延長として都市空間の中にとり込んでいかねばならない時代がやってきた、と私は思う。しかし、もちろん道路から自動車を追い出すという後向きの姿勢ではなく、道路に新しい機能を発見していくという前向きの姿勢でなければならない。

私たちの都市の二四時間を眺めてみると、道路上を動くという形での生活時間の占める比重は、次第に大きくなってくる。つまり、道路はA点からB点を結ぶ機能だけではなく、道路自体生活空間になりつつあるといえよう。この動くための生活空間としての道路とは別に、人間が自分の足で歩くという歩道・遊歩道の空間は、永久に人間の環境から消え去るものではない。

マスタープランの否定は、実は現代都市が直面しているこれらの問題の傷口にじかに触れることによってはじめて可能になるのであって、「超高層建築」「スーパーブロック」という流行語をつつきまわすことからは出てこないのである。

現代都市の新しい機能の発見、そしてまた人間存在の環境そのものの価値評価を基盤とする都市のシステムづくり、これを私は都市のマスターシステムと呼ぶ。マスターシステムは、プランではなく機能の系であり、価値の系である。あるいは、都市の「型」といった方がよいかも知れない。いずれにしてもマスターシステムは、かたちになる前のものであるが、私はこれを都市のフローチャート（流れ計画図）として整理することができると考えている。このマスターシステムの中には、数多くのサブシステムがあり、これらは交通システム・空間価値秩序のシステム・経済システム等々として考えることができよう。

都市の追求は、実はこのマスターシステムの追求であり、都市の設計とは、実はマスターシステムが現実に与えられた条件とのからみ合い・矛盾の中で、「かたち」を獲得していくプロセスとプログラムの技術だと考える。私は、マスターシステムへの足がかりとして次のような提案をしたい。

提案一　フローチャートの作成

マスターシステムの第一の手がかりは、都市の情報の流れ（人・車・もの・エネルギーなど）を動態的に把握することにある。そこで、都市のあらゆる動態調査をもとにして、フローチャート（流れ図）をつくることが重要である。

提案二　情報密度の設定

現代都市の特徴は、発生しあるいは通過する情報の量と密度、スピードの増大にある。第三次産業を中心とする大都市において、この傾向は強い。自動車交通の増大・都市の立体化・建築の複合機能化などもここに原因があり、土地の価値、つまり土地の価格にしても、将来はいかに情報処理の量と密度とスピードが上げられるかで決められるだろう。容積制限・高度制限・交通規制・用途地域制という規制の方法だけでは意味がないのも当然で、そこで流れる情報の量と密度とスピードをコントロールし、計画するという新しい方法が必要になろう。

提案三　立体用途地域制

前にも述べたように、用途地域制は平面的な土地利用を前提として成り立っているものである。都市の高層化が単に建築の高層化だけではなく、都市機能の立体化とつながれば、当然、立体用途地域制を考えなければならないであろう。この傾向は、併用住宅・市街地アパート・高速道路ビル(西銀座デパート)・多用途高層ビル・地下商店街といった個々の開発を通してすでに進行しているものであり、早急に手が打たれる必要がある。

提案四　刺激の方法(拠点開発)

わが国における公共投資と民間投資の比率からみてもわかるように、都市施設に対する公共投資は今後相当増えたとしても「民間投資のさそい水」的な性格と考えられる。患部をばっさり切開手術して、取りかえてしまう式の再開発や開発とは別に、微量でも効力の強い対抗菌をみつけて、それによって誘発される潜在ポテンシャリティーに期待をかけていくという、漢方療法的な「刺激の方法」を研究する必要がある。人工土地による開発の場合でも、一挙にスーパーブロック化して、公共的な人工土地を設定するという方法ばかりでなく、こまぎれの小ブロック開発単位でも、それが順次全体としてつながっていくときに次第にその効果が大きくなっていくというような、誘導の方法もあるはずだと考えている。

提案五　二進法交通

情報処理の量が問題になってくると、自動車交通にしてもスピードによって処理能力を高める限界はあきらかであり、交差点における断絶の少ない連続流によって、緩速ではあるが量をさばくという方法が考えられる必要がある。サイバネティックスにおいて用いられているように、二進法による流れの処理が都市交通にも有効であると考えられる。

二進法にはいろいろあり、三差路・二方向分岐・サイクルトランスポーテーション（鎖状交通網）さらにそれを立体化したヘリックストランスポーテーション（らせん交通網）等々があり、たとえば、現状の道路網による右折禁止の交通規制をさらに進めて、直進禁止法によって交差点における流れを二進法にすることも考えられる。この直進禁止規制による交通流は、実質的には鎖状交通網を平面的に展開したものであり、中小企業を主とする神田地域やショッピングを主とする銀座地域では特に有効な方法として提案したい。

提案六　道空間の設計

道路そのものを現代都市における生活空間の延長と考え、道路そのものにちょうど広場がむかし果たしていたような都市空間のアマルガメーションの役割を与えることができると思う。そこで道路をA点とB点を結ぶ機能と考えないで、建築と考えて設計することによって、むしろ都市に新しい機能を発見し、新しい空間の価値が創造できるのではないかと考えられる。

〈チーム・テン・ロヨモン会議一九六一〉

今から三五年前のことである。ジュネーブの「国際連盟本部」の競技設計の一等に入選したル・コルビュジエの案が拒否された事件は、世界中の建築家たちの間に大きな反響を呼び起こした。この事件をきっかけとして、機能主義を唱える世界中の建築家たちは横の連絡をとることになり、このたのち、二八年間にわたって続けられたCIAMがスタートした。

第二回CIAMは一九二九年フランクフルト・アン・マインで「低廉住宅」をテーマに、第三回CIAMは一九三〇年ブラッセルで「合理的な区画」をテーマに、第四回CIAMはアテネで「機能的な都市」をテーマに、第五回CIAMは一九三七年パリで「住宅と余暇」をテーマに、第六回CIAMは一九四七年にブリッジウォーターで「ヨーロッパの復興」をテーマに、第七回CIAMは一九四九年ベルガモで「住宅の連続性」をテーマに、第八回CIAMは一九五一年ロンドンで「都市の核」をテーマに（前川国男、丹下健三出席）、第九回CIAMは一九五三年エクスアン・プロバンスで「住宅憲章」をテーマに、そして第一〇回CIAMは一九五六年ドゥブロニクで「クラスター・モビリティー、変化と成長、建築と都市計画」を主題として（吉阪隆正、河合正一出席）開催され、回を重ねるごとにその組織は大きくなり、影響力も強大となっていったのである。指導者であったル・コルビュジエの「輝く都市」の理論は、CIAMの基本的な理念として育っていった。「太陽と緑と新鮮な空気」というスローガンはCIAMの合言葉となり、都市を「住む・働く・レクリエーションそして交通」という要素からとらえようとする方法論は、CIAMの都市計画の技術となり、第四回CIAMでは、CIAMのバイブルともいうべき「アテネ憲章」としてまとめられている。「日照の最低時間数規定」「お互いに遠く離れた高層建築群」「緑の空地」「歩行者と自動車の分離」「南面する建築」等々の基本的方法はCIAMの計画技術として当時のアカデミズムに対して真向から対立するものだったのである。

しかし、CIAMも第八回ロンドン大会のころよりそろそろ変質のきざしをみせはじめる。第九回のエクスアン・プロバンスの会議ではCIAMの会員は三、〇〇〇名を数え、その構成も議長・副議長・委員会・グループと複雑な組織になってきたことも影響して、その活動は停滞しはじめる。しかし本当の停滞の原因は、やはりCIAMの理論そのものにあったともいえよう。緑の空地に孤立する高層建築群は、新鮮な空気と緑ばかりでなく、単調さまでを人間に強要し、人々はまるで裸で舞台に立たされたときのように、はにかみ、そして孤独感におそわれるのだった。

日照の最低時間数は、いままでCIAMの敵であったアカデミズムの中に浸透し、遂には形式的な「隣棟間隔」という新しいアカデミズムの教義になっていくのである。このような雰囲気の中で、第九回のCIAMはバケマ、スミッソン、ウッヅ、ロジャースなどを第一〇回CIAMの準備委員として選出したのであった。この第一〇回CIAMは、動脈硬化に落入ったCIAMに、新しい息吹きを導入しようと考える若干の建築家によって「クラスター・モビリティー、変化と成長、そして建築と都市計画」という新しいキイ・ワードが設定されたのであった。この新しい生命の芽ばえは、また同時に古い生命の死期をも暗示していた。一九二八年から続けられたCIAMは、実質的にはこの第一〇回ドゥブロニク会議をもってその幕を閉じることになるのである。

チーム・テンの活動は、これを機に広く世界中に横のつながりを求めていった。新しい時代に必要な新しい解決を追求していた各国の新鋭建築家が、これにしだいに同調していった。そして一九五九年六月、オッテルローのクロラー・ミュラー美術館に、各国から五〇人の建築家が集まった。イタリアからはロジャースをはじめ、ガルデラ、マジストレッティといったBBPRの面々、アメリカからルイ・カーン、スウェーデンからエルスキン、スペインからコデルチ、そしてわが国からは丹下健三が招待をうけた。一方ではチーム・テンの指導者格であるイギリスのスミッソン夫妻、フランスのキャンディリス、ノルウェーのグルン、オランダのヴァン・アイク、バケマ、ポーランドのソルタン、ハンセン、ハンガリーのポローニ等々。

この会議には、形式的な組織はなかったし、どんな委員会もなかった。展示パネルと討論による頭脳の消耗だけが研究の手段としてきめられていた。各参加者は計画案を美術館の壁に展示して説明した。引き続いて討論が行なわれ、論争があった。その会議は今までのCIAMとは全く異なった方法で進められたのであったが、この会議を通じて出席者の間に三つの方向があることが確認された。

第一の方向は、今までのCIAMによって普及された近代建築の特徴をもつものであり、第二の方向は、意識的な芸術作品で、使用者に対してある運命的な行動類型を強いているものであり、第三の方向は、「開放の美学」ともいうべき考え方をもっている作品であった。第一の方向は問題とはならなかったが、第二、第三の方向が論議の的になったことは明らかなことであろう。

第二の方向を代表するグループは、ロジャースを中心とするBBPRであり、作品トレ・ベラスカがその議論の中心となった。ミラノにそびえるトレ・ベラスカは、中世のトリデを思わせるような姿でもう一つの塔ジオ・ポンティのピレリービルと競って建っている。上部でふくらみのついたかたちは、下が事務所で上部がアパートになっていることを表現しているが、空間の性格が機能的にその違いを表現しているのではなく、表現主義的なにおいの強いものであることが「強制された自由」として批判の対象となっている。

第三の方向は、チーム・テンの主流をなす考え方であり、「建築とは、それが確かなもの、疑わしいものすべてを含めた、あるがままの設定条件の厳しい相互作用であり、建築はそれ自身協和音をもたない。過去とのきずなは、中に住もうとする人達のそれと同じ要因をなし、運動や変化の中にあってはじめて形態が連続して出てくる。そこには外形的な限界をこえた言外の意味が明らかになる」という言葉で表現されるように、社会の変化や運動の中にあって、機能的な空間の自由性と、中に住む人の意識的な表現の自由性を可能とするような「開いた美学」を基本とするグループである。

この会議をもってCIAMは完全に消滅し、チーム・テンを中心とする新しい運動は着実にその活動範囲を広げていった。しかし、チーム・テンは会員を固定せず、単に「しなければならないもの」を計画し、形式的な組織を必要としない会員で構成されていることが大きな特徴であり、各国で主要な仕事をしていると考えられる建築家に会議ごとに招待状が出されることになっており、その間、たえず文通によって意見交換がなされているのである。

チーム・テン・ロヨモン会議は、一九六二年一二月一二日より一七日までパリの北三五キロメートルのところにあるアベイ・ド・ロヨモンで開催された。会議に招待された建築家は、チーム・テンのメンバーである、バケマ（ロッテルダム）、キャンディリス（パリ）、エルスキン（ストックホルム）、ヴァン・アイク（アムステルダム）、グルン（オスロ）、アリソン、ピーター・スミッソン夫妻（ロンドン）、ソルタン（ワルシャワ）、ヴェルカー（ズットンバレンス）、ウッヅ（パリ）、その他にコデルチ（バルセロナ）、ル・コルビュジエ（パリ）、ルチオ・コスタ（リオ・デ・ジャネイロ）、ドーシ（アメダバッド）、チャールス・イームズ（ロスアンゼルス）、ゲデス（モザンビーク）、ハンセン（ワルシャワ）、ジョジック（パリ）、ルイ・カーン（フィラデルフィア）、菊竹清訓（東京）、黒川紀章（東京）、槇文彦（東京）、ミッケル（アルジェ）、ポローニ（ブダペスト）、丹下健三（東京)、タボーラ(ポルト)、ウイルソン(ケンブリッジ)、コレア(バルセロナ)、ジュリアン(パリ)、シメリング(パリ)、スターリング(ケンブリッジ)、ヴェヴェルカ(ドイツ)、アレキサンダー(ボストン)、リチャーズ(ロンドン)。

このうち実際会議に出席できたのは、バケマ、キャンディリス、エルスキン、ヴァン・アイク、アリソン・スミッソン、ピーター・スミッソン、ヴェルカー、ウッヅ、コデルチ、ゲデス、黒川紀章、ミッケル、タボーラ、ウイルソン、コレア、ジュリアン、シメリング、スターリング、ヴェヴェルカ、アレキサンダー、リチャーズであった。

アベイ・ド・ロヨモンはもと修道院で、文化財として保護されている一三世紀の建物であり、現在は文化会館として各種の会議やコンサートに使われている。私がパリからハイヤーで会場に着いたのは一二日の正午であった。すでに前日からコデルチ、コレアなどのスペイン組は到着していたが、全員が揃ったのは一二日の二時ごろ、そこで、三時から会議の進め方についての集会がもたれた。討議の結果、次のように報告の順が決められた。

一二日　予備討議、展示準備、ゲデスのスライド映写
一三日　ウイルソン報告、ゲデス報告、スターリング報告、ヴェルカー報告、ジャン・カルロ・デ・カルロのスライド映写
一四日　スミッソン報告、エルスキン報告、コデルチ報告、ジャン・カルロ・デ・カルロ報告、シメリング報告

一五日　アレキサンダー報告、黒川報告、ヴァン・アイク報告、バケマ報告、ヴェヴェルカ報告、スミッソンのスライド映写
一六日　リチャーズ報告、キャンディリス報告、ウッヅ報告、キャンディリス映画上映、総合討議
一七日　解散

そもそも今度の会議は、招待状によるとつぎのように「討議主題」が決めてある。

「会議の討議主題は、都市の基本的な骨組（Urban infrastructure）と個々の建築群との相互的な概念に焦点を合わせることになる。現在までに、コミュニケーションのシステムが都市の骨組になり、個々の建築群に組織化へのポテンシャルを与えることは、かなり明瞭になっていると思われるが、このコミュニケーション・システムによる組織化へのポテンシャルが、どのようにして実際の個々の建築群の中で持続するかという問題、いいかえれば都市の基本的な骨組（Urban infrastructure）の〝浸透性〟については、明瞭になっていない。

現在この問題について、二つの方法が見受けられる。一つは、建築群の中に〝基本的な骨組〟を挿入しようとするもので、その基本的な骨組は成長の可能性をもったシステムとして設定されるが、最終的なかたちは予期することができないというものであり、もう一つの方法は、すべての構成単位は、最終的に予期されるようなかたちに導かれるという建築アプローチである。今度の会議では、このような考え方に関する出席者の計画案や方法が討議されるように考えられている。」

これによっても明らかなように、今度の会議がCIAM解散後も続けられた「クラスター・モビリティー、成長と変化、建築と都市計画」を基礎として、その後展開されたスミッソンを中心とする「コミュニケーション・システム」のスタディー、そして丹下研究室の東京計画、メタボリズム・グループの提案、キャンディリス、ウッヅ、ジョジックによるSTEM計画、エルスキンの群計画などが、頭におかれていることもわかるだろう。

招待されたル・コルビュジエや、ルチオ・コスタから「成功を祈る」という手紙が書記長のバケマ宛にとどけられており、ル・コルビュジエのアトリエからはチーフ・アーキテクト格のジュリアン（メキシコ出身）が出席した。たとえル・コルビュジエが出席したとしても、もはや指導者としての発言もなく、積極的な提案もなかったであろう。会議は、そのようなはつらつたる雰囲気ではじめられた。

コデルチは、一九五六年のCIAM・TEAM X会議には、バルセロナの団地計画とホテル計画を提案している。これは海に面した傾斜地に建てられるもので、個々の単位空間が変化のある景観をつくり出している。今度の会議で彼がもってきたのは、ただ一枚の写真であった。この写真というのは、スペインの民家を、自然の傾斜地に並べて張り合わせた合成写真である。後に述べるように、この一枚の写真は会議の議論を白熱化するきっかけとなった。

バケマは、ヨーロッパの大物にふさわしく、彼の二〇年間の全作品を廊下に沿ってえんえんと並べてみせた。オランダはもちろんのこと、その作品も、ドイツ、フランスなどヨーロッパ各国に広がっている。スミッソンにいわせると、「彼は常に、最初の作品から説明しはじめるのでかなわない」ということになるわけなのだが、はじめてその説明をきいた私にとって、彼のエネルギッシュな活動は賞讃に値するものに感じられた。

彼の初期の作品は、CIAM の強い影響を受けている。彼の手がけた数多くの住宅団地や、ベルリンのインター・バウに建つ高層アパートにもそれは明らかなのだが、彼は一生懸命にそのころから芽ばえた「自由の意識」について語るのである。

「階段を昇ると廊下に出る。と、そこからは共用のテラスにも出られるし、自分の家のドアーの前にもゆける。つまり、ここには選択の自由がある……」という彼の言葉は、「空間の自由の意識が表現されれば、わかり易いダイナミックな建築の造型ができるのではないだろうか」ということを意味している。最近の作品たとえばフランクフルト・アン・マインの新しい都心の設計についてみられるように、彼の興味は自由の意義をさらに都市の構造化、つまり都市に導入される新しい骨組のあり方にまで押し広げて考えていこうとしているように見受けられるのである。CIAM の枠の最も外側で努力しているバケマの姿は、先鋭的なチーム・テンのメンバーの構成からみても、重みのある書記長役としてうってつけであるように思われた。

ウイルソンは、イギリスのケンブリッジ大学の建築科の助教授である。彼の最近作コンビリー・アンド・ケイブス短大の学生寮は、パティオ（中庭）の秩序からヒントを得たものであろう。中庭をとりまくロの字形の寮は、セットバックしてそれぞれ中庭に向かってバルコニーをもっている。

中庭の部分にはピラミッド形の食堂兼集会室があり、それが造型的にも求心的な力として全体をまとめている。パティオ（中庭）という古典的な手法が、個々の個性をとりまとめる媒介としてどこまで有効だろうか、そして求心的な共通施設が本当に個々の寮生の心をつなぐことができるかという点についての多くの反論がなされたのも当然といえよう。

スウェーデンのエルスキンは、世界デザイン会議で東京にも招待されて来日したことがある。展示された彼の作品は、グループ・プロジェクトと呼ばれる団地の設計であった。ローコストの公営住宅団地にもかかわらず、彼はその中で、バルコニーをプレキャストコンクリートのフレームによって工場生産し、個々の住戸に自由にとりつけられるように工夫して、単調になりがちな集団住宅の環境に個性を与えようとしている。

この計画で問題となったのは、むしろ全体の計画の基本となっている「集中化」の点であった。スウェーデンのような環境で、集中的な群の表現が必然性があるかどうかについてかなりの批判が出た。しかし、土地はゆったりあるからといって、まばらにアパートを並べる方法が、しばしば空間の密度を低めていることを反省させるよい例としても考えられよう。

南アフリカのモザンビークから出席したゲデスは、以前わが国では国際建築にも取り上げられたことがある幻想的な作風の建築家である。スライドで彼自身の彫刻や絵を交互にみせる彼の建築の作品は、システムを求めようとしているチーム・テンのメンバーとは、全く対照的なアプローチを示していた。

最近完成したシム・ファブリカ（工場管理室）で彼は管理室と住居棟の設計をすると同時に会社のマークやレターヘッドのデザインまで担当し、そのため会社の名を変えさせ、その製品まで変えさせたという。ここには「最終的な肌合いやかたちまで、建築家に責任がある」という社会の組織者としての建築家の強い立場の主張がある。その他計画案としてもってきていた彼の作品は、美術館、教会イグレア・マチャバ、それに学校があった。

ヴァン・アイクは、アムステルダムの子供の家（感化院）の設計によって有名になった。客員教授として渡米していた彼は、「二重現象の方法」ともいうべき一つの創造のプロセスを提案した。「住宅とは、小さな都市であり、都市とは大きな住宅である」という言葉からもわかるように、彼はまず都市の中に存在する大から小というスケールのハイアラーキーや、スピードのハイアラーキーを否定して、単位と組織体を同一の連続的な方法で解こうとしているのである。

彼は、参考としてアムステルダムの建築科のある学生の作品の模型やスタディを展示した。これは、一住戸と近隣住区の関係が、すなわち近隣住区と地域の関係として連続的に理解できるようなものを追求したものであった。アメリカ南部にあるインディアンのプェブロ・シティーを例として挙げているように、都市をメガ・ストラクチャーや、インフラ・ストラクチャーの媒介なく連続的にとらえることはできないかというのが、彼のいわんとするところであるようだ。同様にアムステルダムの「子供の家」も、プレキャスト・メンバーによる単位を基本として構成する空間の秩序である。

以上あげたコデルチ、バケマ、ウイルソン、エルスキン、ゲデス、ヴァン・アイクには、それぞれ問題意識の違いはあっても何か共通するアプローチがあるように思う。いってみれば、「人間派」とでもいうようなアプローチである。つまり、都市や建築にアプローチしようとする際に、スミッソンのいう「構造化」を考えようとしないで、むしろ身近な人間の生活空間の単位の連続的な延長または、経験的な空間の成長を信じようとする。

これに対して、建築家がつくり得るシステムの限界と性格を明確にして、個々の単位群の自由な「ふるまい」を可能にし、空間の生長と変化に対応させようという考え方の一派、いいかえるなら「機能派」ともいうべき連中がいる。

イギリスのスターリングはライセスター大学工学研究所を設計しているが、これは平面型に対してダイアゴナルにかけられた天窓をもつ低層工場部分、事務棟部分、階段室およびパイピング・スペースといったそれぞれの機能が明確に分離されており、それぞれが独立して独自の自由を表現しながらまとめられている。この場合、パイピング、階段室がそれぞれを横と縦につなぐシステムとして考えられているわけである。

チーム・テンのリーダー格のスミッソン夫妻は、ケンブリッジ市の改造計画を展示した。彼が第一〇回 CIAM の会議以来続けている都市におけるコミュニケーション・ネットワークのスタディの一部分で、彼のベルリンの道路計画案やロンドンの道路計画案と同じように、道路を都市の基本的な骨組と考えたものである。しかもケンブリッジ計画では、道路を河と見立てたとき島のように河に囲まれて孤立する地域を人間の場所とし、その島をどうつないでいくかという角度から、地域と交通の問題への一歩突っ込んだスタディがなされつつあるように思われた。

イタリーの建築家ジャン・カルロ・デ・カルロは、都市のシステムとして「五線（ペンタグラム）の方法」があるのではないかという意見をもっていた。音楽家は五線に基づいて作曲するけれども、クラシック、ジャズ、ポピュラー・ソングといったようにいろいろな音楽を創作できるように、基本的なシステムをまず発見することが大切で、後はそれぞれの条件や経験的な発展にまかせようというわけである。彼はミラノの郊外の新しい都市の設計においてこのアプローチを試みようとしている。

キャンディリス、ウッヅ、ジョジックによるトゥールーズの都市計画はちょうど今年の春、競技設計の一等に入選したものであり、全員の注目の中で報告が行なわれた。この計画は「幹計画」とも呼ばれている通り、都市の基本的な構造、変わらない仕組みに歩道を考えて、それをちょうど木の幹のように考えたらどうかというものである。

新しい都市は古いトゥールーズの町の近くに敷地が決定し、幹となる歩道は古くからある河沿いの並木道を生かすように設計されたのである。自動車の道路と駐車場はこの歩道とは全く別に計画され、それぞれの区域に外側からサービスするようなかたちになる。個々の建物は、この歩道のある点から駐車場のある点に向かって自由にとりつけられるわけである。

しばらくインドのドーシーのもとで働いていたハーバード大学出身のアレキサンダーは、都市そののもののあり方というよりは計画の技術として、条件整理と設計のプログラムを電子計算機にのせる方法について、人口二〇〇人、牛一〇〇頭のインド農村部落に適用した例を説明したが、複雑な機能をもつ都市でさらに役立つだろうと思われる反面、都市の場合、与える条件やデーターの客観性や方法についてかなりいろいろな問題がでてきそうだという気がした。

この「機能派」と私が呼んだ建築家たちの方法論は、ある場合に私たちメタボリズム・グループの方法論とかなり似かよったものがあり、討議の席上でも私達の作品や計画案に対する強い支持の意見が多かった。しかし予想の通り、会議は何の結論や声明も出さず閉会された。人々は大いに白熱した議論をかわし、お互いに刺激をうけてそれぞれの国に帰った。この会議をきっかけにさらに重要な段階へ到達する人々もいるに違いない。それは、やはりあくまで建築家として具体的な設計活動を通じて実現し、影響を与えていくことだろう。

芸術家的アプローチに自信をもっていたゲデスが、会議の最後に特に発言を求めて、「自由すぎた自分が本当に自由の意識をもっていたかどうかと反省している」と述べたのも印象的だったし、「もはや建築家は建築や都市に対して何もすることができない」と述べて、建築家の設計しない民家が、自然の傾斜地に群をなしている合成写真を自分のイメージとして投げつけたコデルチも、建築家がこの変動する社会になにをしたらよいのか、そしてシステムがあるとすれば、そのシステムと個々の建築とはどういう関係で結びつけられるのだろうという。共通の問題意識の中で討議することができたのである。

現実が混乱していること、そしてその混沌とした現実の中に、エネルギーと潜在的なポテンシャリティーがあることは全く明らかなことであろう。しかし、混沌の中のエネルギーの認識や現実の条件の確率的な認識のみからは、どんな都市へのアプローチも出てこないだろう。混沌のエネルギーと潜在的なポテンシャリティーに刺激を与え、現実の条件の確率的な操作や作用が反応するような、「刺激の方法」を確立する必要があろう。都市の基本的な骨組とかシステムとは、現実の個々の建築群や空間の単位に、刺激を与えるものにほかならないのである。

出会いの時代へ

〈前　提〉

この小論はいくつかの主観的な前提の上で出発している。現代とは、次のように規定する。

1　現代は CIAM の崩壊した一九五六年からはじまる。

2　現代は系譜なき時代である。TEAM X をはじめ、GEAM, METABOLISM の運動は系譜を否定したところに成立しており、あるグループの主張は常に他のグループの主張を含んでいるという関係にある。

3　現代における運動は総合への組織ではなく、アクシデントでなくてはならない。

4　現代が継承すべき精神はルネッサンスの精神であり、あるいはまた二〇世紀の初頭からCIAM成立以前までの爆発の時代である。

現代建築とは次のように規定する。（一〇原則）

(1) 未来を予見するものであること
(2) 機能を生む装置であること
(3) 多様な選択が可能な場であること
(4) 時間的な場であること
(5) 世界的であること
(6) 方法論（原型）をもつこと
(7) 美術との総合を拒否して、闘争的関係を保つこと
(8) 技術（生産様式）に対する密着的依存からの解放
(9) 幾何学に対する密着的依存からの解放
(10) 全体的であるよりは部分的であること

現代がCIAMの崩壊から始まると規定した以上、現代建築のゆくえを探る作業は、過去の歴史

の分類的分析からは何も得られない。二〇世紀初頭から CIAM までの近代建築の系譜は、過去の精神との出会い（アクシデント）のためのカレンダーであり、刺激発生器といってよいだろう。特に一九二〇年代の爆発的な精神の状況は、刺激発生器として触覚的に用いるならば、きわめて有効である。

現代の運動は、きわめて個人的な出会いから始まるところに特質がある。それは、上から規定された CIAM の組織と比べると対照的である。TEAM X にしろ、METABOLISM にしろ、GEAM にしろ、ARCHIGRAM にしろ、すべてその活動は個人的な出会いであり、アクシデントであるがゆえに、常に解散・別れを前提として含んでいる。運動の原則として、GEAM のようにすべての他の原理に対して開放的であり、拡大的であればそれ自体運動の意味を失って自己崩壊するのが必然であり、また TEAM X のように、すべての異なる方法論からの独自性を求めて、鋭く、縮小的であれば、それ自体終局的には個人的なものとなり、これもまた運動の意味を失って自己崩壊するのが必然である。

いずれの道をたどっても、運動そのものはそれ自体で拡大生産しないところに現代性があり、それゆえに運動は、常に個人の出会いの繰り返しをとめどもなく続けてゆくのであろう。そこでこの小論では、現代建築のゆくえを私自身の世界の広がりの中でのいくつかの出会いを通じて、きわめて主観的に語ってみようと意図したのである。

私自身の最初のアクシデントも、ちょうど CIAM が崩壊した翌年一九五七年丹下先生に出会ったことから始まった。そして一九五八年モスクワにおいて各国の若い仲間と、一九六〇年META-BOLISMの仲間と、そして世界デザイン会議におけるルイ・カーン、ジャン・プルーヴェ、スミッソン、また他のジャンルのデザイナーたちと、一九六一年ふたたびルイ・カーン、プルーヴェ、GEAMそしてパリのギャラリー“J”のネオ・ダダの連中、ギャラリー・アルノーを中心とするシメーズの連中と、一九六二年パリ・ロヨモンでのTEAM X スターリング、アレキサンダー、そしてギリシャのドクシアディスと、一九六六年イタリア・ウルビノでのTEAM X そしてロンドンでのARCHIGRAMとの出会い、これらが、私にとって決定的なアクシデントであった。

これらの出会いのうちでも、一九六二年のTEAM X・ロヨモン会議と一九六六年のTEAM X・ウルビノ会議は、現代の状況を考えるのにきわめて象徴的な出来事のように思える。そこで、系譜なき現代建築の状況を明らかにするために、この二つの会議に焦点をあてつつ現代建築のゆくえを探ることにしたい。

＜CIAM崩壊の意味するもの＞

ル・コルビュジエは、著書「伽藍が白かったとき」のなかで次のように宣言している。「偉大な時代が始まった、新しい時代が。機械文明が数限りない個人的作品・集団的作品にすでに表明され、近代生産の総体と合一し、仕事場や工場や、また技術家や芸術家の脳髄から出て——事物・法令・計画・思考に——爆発している。新しい時代！　かつて七世紀前、新しい世界が生まれ、中世伽藍が白かったとき、あらゆる点において今日と同様であった!」

ル・コルビュジエにとって、現代はまさに中世のごとく偉大な時代になるはずであった。都市は総合的に統一され、全体像としてイメージされ、その中に描かれる建築は、全体の精神的統一のシンボルとしてそびえ立つはずであった。

一九世紀後半から CIAM の成立までの約半世紀の間を、一八八〇年代から一九一〇年代後半までと、それ以後 CIAM の成立までの二つの期間に分けることができる。

一 潜在意識の時代——黒の時代

エンゲルスの「空想より科学へ」が出版された一八八〇年をさかいとして、ヨーロッパではオクターブ・マウス、エドモンド・ピカールらによるレ・バンの運動、そしてマッキントッシュらによるグラスゴー派の運動が、それに続くアール・ヌーボー、セセッション、ユーゲントスティル、表現主義へと続き、未来主義のはなばなしい終末とともに終わるのである。

ハワードの「田園都市論」(一八九八)、フロイトの「夢の分析」(一九〇一)、アインシュタインの「特殊相対性理論」(一九〇五)、ベルグソンの「創造的進化」(一九〇七)、アドルフ・ロースの「装飾と罪悪」(一九〇八)などの出版が時代の意識を形成していたばかりでなく、いくつかの重要な作品も現れた。

パリ万国博のエッフェル塔/エッフェル(一八八九)

デュラン街一二番地の家／ヴィクトル・オルタ（一八九三）
工業都市計画案／トニー・ガルニエ（一九〇四）
フランクリン街のアパート／オーギュスト・ペレー（一九〇三）
セセッション館／ヨセフ・オルブリッヒ（一八九九）
都市案／パトリック・ゲデス（一九一四）
A. E. G. タービン工場／ペーター・ベーレンス（一九〇九）
新都市案／アントニオ・サンテリア（一九一四）

これらのすべては、潜在意識としての「現代」をすべてもっている作品であった。しかしエッフェル塔に用いられた鉄は、建築生産業の生産工程にのっているものではなかったし、ガルニエの工業都市案は、そこに描かれた驚くべき現代性にもかかわらず実現したものではなかった。ペレーの作品もまた、現代建築への方法論をもたなかった。この「方法論の欠除」が、そのはなばなしさにもかかわらず、この時代を「潜在意識としての現代性」におしとどめていたと言えるだろう。

二　意識の爆発の時代――赤の時代

一九一八年オスワルド・シュペングラーは、世界史形態学と呼ばれる科学的方法論によって西洋史文明の没落を断定し「西洋の没落」を発刊した。一九一八年はダダ宣言の年でもあり、その前年一九一七年ロシア大革命と、それに続く社会主義社会の誕生の年であった。それまで潜在意識の下におかれていた「現代」は、方法論をもつことによって現実のものとなった。

意識が爆発し、太陽の光のもとで燃えはじめ、理論はつぎつぎと実践されることになる。ペーター・ベーレンスの意識は、明らかにグロピウスのファグスの靴工場（一九一三）、デッサウのバウハウスの実現（一九二六）へと引きつがれ、インターナショナルスタイル、バウハウスの方法論として定着し、トニー・ガルニエの意識、未来派の意識、ペレーの意識は、コルビュジエによって実現されることになる。

コルのオザンファンのアトリエ（一九二二）
コルのエスプリ・ヌーボー館（一九二五）
ネオ・プラスティシズム（デ・スティル）
ドースブルのレストラン・アウベッチ（一九二八）
J.J.P. アウトのレストラン・デ・コニ（一九二五）
リートフェルトのシュレーダー邸（一九二四）
デル・リンク、フーゴ・ヘーリングのガルカウの農場（一九二三）

あるいはまた、

ローエの摩天楼計画（一九二一）
ローエのバルセロナ・パビリオン（一九二九）
日本分離派の東京平和博覧会（一九二二）

これらのはなばなしい運動は第一次大戦後におとずれた現実の機械時代（第二の産業革命と言われる時代）に裏づけられて続々と現実社会に定着していったのである。ピーター・スミッソンが「近代建築の英雄時代」と呼んでいる、この一九二〇年代を中心とする時代に、すべての近代建築運動（CIAM の運動）の基礎がつくられたと言ってよい。それはまさに、焼けた鉄の時代であった。そして CIAM は、この赤い鉄をいとも容易に一つの総合へと鍛えることができたのである。一九二八年、ラ・サラの会合から始まった CIAM（近代建築国際会議）は、

第二回「最小限住宅」フランクフルト・アン・マイン（一九二九）
第三回「合理的な区画」ブラッセル（一九三〇）
第四回「機能的な都市」アテネ（一九三三）
第五回「住宅と余暇」パリ（一九三七）
第六回「ヨーロッパの復興」ブリッジウォーター（一九四七）
第七回「住宅の連続性」ベルガモ（一九四九）
第八回「都市の核」ロンドン（一九五一）
第九回「住宅憲章」エクスアンプロバンス（一九五三）

と会を重ね、会員総数三、〇〇〇名、議長・委員長・委員会・グループと組織は固定化し、動脈硬化のきざしが現れていた。そして、ついに、第一〇回ドゥブロニク会議（一九五六年）は、後に TEAM X を結成した若手建築家たちと長老たち（グロピウス、コルビュジエ、ギーディオンな

ど）との間の対立を決定的なものとして、解散することになったのである。

ル・コルビュジエがCIAMにもとめたものは、中世の伽藍が白かったときのような偉大なる近代建築・近代都市の総合への努力であった。はたして、現代は中世のごとく偉大な時代になり得たであろうか。たしかに、現代の建設に投下されるエネルギーはばく大なものである。都市は巨大化し、高速道路や超高層建築の出現は都市の様相を一変せしめている。現代が偉大な建設の時代であることは間違いのない事実である。しかし現代の都市や建築は、総合的に統一された全体像を拒否しているのではないか。

ルネッサンスの活字印刷の発明が、中世の白き伽藍を打ちくだいたといったのは、ビクトル・ユーゴーであったが、現代の都市は活字印刷にかわる、テレビ・ラジオのマスコミュニケーション、コンピューター・システムによる情報処理、そして火薬にかわる原子力エネルギーによって打ちくだかれつつある。

CIAM第一〇回を準備したスミッソンたちが準備したテーマ、①クラスター、②モビリティ、③成長と変化、④都市と建築、こそCIAM爆破の引き金だった。「全体より部分を」「固定より変化を」「固定した美学から開いた美学へ」「組織より個人を」、これこそ、われわれが現在生きている新しい時代の始まりを告げるものであった。一九五六年、それは輝かしき、系譜なき時代のスタートであった。

<TEAM X とその周辺>

ル・コルビュジエが死んだとき、彼の遺言ともいうべき手紙のコピーが私のもとに送られてきた。コルビュジエが死ぬ数年前にバケマにあてたこの手紙には、TEAM X が CIAM の肩の上に立って旗を振っている絵が描かれている。コルビュジエにとって、TEAM X は CIAM の後継者であるべきなのだ。しかしスミッソンも指摘しているように、われわれが継承すべき現代建築の精神は、CIAMによって築かれた中世の白い伽藍のごとく偉大な総合の精神ではない。むしろCIAMの成立した基礎である、精神の爆発の時代（赤の時代）の精神の自由である。

ベルリンの道路計画、ロンドンのエコノミスト・ビルで知られているスミッソン夫妻、ロッテルダムの駅前再開発をはじめとし、ヨーロッパ全域で仕事をしているバケマ、トゥールーズの都市計画やベルリン自由大学の設計をしたキャンディリス、ウッヅ、ジョジック、アムステルダムの子供の家を設計したヴァン・アイクなどを中心とする TEAM X メンバーは、一九五九年の六月にオッテルローのクロラー・ミュラー美術館に各国から五〇人の建築家を招待して会議をもった。招待者の中には、わが国から丹下健三、アメリカからルイ・カーン、イタリアから BBPR のロジャース、およびガルデラ、マジストレッティなどが含まれている。

この会議で確認されたのは三つの基本的な方向であった。

(1) CIAM が追求してきた方法をそのまま引きついでいるもの

(2) 機能主義に対する反発から、意識的に芸術作品を目ざし、使用者に対してある運命的な行動類

型をしているもの

(3) CIAMを乗り越えているもの

結論として言えば、CIAMを解散させたTEAM Xにとって、この会議はみずからの方向を確認する手続きでしかなかった。CIAMの範囲を出ていない(1)の方向や、イタリアのBBPRを中心とする芸術作品的な傾向が激しい攻撃を受けたのも当然のことであった。

彼らの目ざす第三の方向とは何か。「建築とは、確かなもの疑わしいものすべてを含めた、あるがままの条件のきびしい相互作用であって、建築それ自身には調和はない。過去とのきずなは、そこに住もうとする人たちのそれと同じ要因をなし、運動や変化のなかにあってはじめて形態が連続する。」と主張するのである。

一九六二年九月パリ郊外で開かれたTEAM X会議は、彼らの主張をきわめて明確に示す自信に満ちた会議であった(招待をうけて出席した建築家の中には、アメリカのアレキサンダー、イギリスのスターリング、イタリアのカルロ・デ・カルロ、ドイツのベベルカが含まれており、日本からは筆者が出席した)。CIAM解散後、彼らの追求したテーマは、彼ら自身が第一〇回CIAMに設定した「モビリティ」「成長と変化」「クラスター」「建築と都市計画」であったが、そのうち特に「モビリティ」と「成長と変化」の問題に重点が置かれていたようである。

スミッソンのベルリン道路計画では、都市内の人の動きをペデストリアンデッキとして視覚化することに成功している。また、いくつかのハウジングプロジェクトでも、建築の中を通る廊下を戸外の道と同じ扱いにすることによって、建築の中の人のムーブメントを露出することを試みている。バケマはいくつかのハウジングで増築できるシステムを考え、また建築の中での人間のムーブメントの自由性・選択性を追求した。アルド・ヴァン・アイクは、建築全体を一つのパッケージとして考えることを徹底的に否定するために、数種類の空間単位(部屋単位)に分解し、それをプレハブ化された構造単位で組み立ててゆくという方法をアムステルダムの子供の家で実現した。そしてキャンディリス、ウッヅ、ジョジックのチームは、これまでの TEAM X のスタディの集大成とも言える、トゥールーズ・ミレーユの都市設計コンクールで一等をとり、その案が実現することになったのである。

都市の基本的な骨組と個々の建築群との、相互的な概念に焦点を合わせること、これまでに、コミュニケーションのシステムが都市の骨組になり、それが個々の建築群に組織化へのポテンシャリティを与えることがかなり明瞭になっているが、そのポテンシャリティがどのようにして実際の個々の建築群のなかで持続するかという問題、言いかえれば都市の基本的な骨組のもつ浸透性についてはまだ明瞭でない。

そこで、現在見うけられる二つの方向について討議がなされるべきである。一つは、個々の建築の集まりのなかに基本的な骨組を挿入してやる方法であり、もう一つは、むしろ個々の建築つまり都市の構成単位をつみ重ねてゆくことによって、全体を予期される全体像へ導いてゆこうとする方法である。この呼びかけが、TEAM X ロヨモン会議(一九六二)の主題であった。

アベイ・ド・ロヨモンで、一週間をともに生活しながら徹夜に近い状態で続けられた会議で提起された問題

(1) 個人の空間単位のつみ重ねで都市という全体像を構成することが可能かどうか
ヴァン・アイクの双子現象の方法論
ブロムによるヴァン・アイク理論の都市的展開

(2) 基本的な骨組（インフラ・ストラクチュア）のありかた
バケマのカースル・アイデア
キャンディリスのトゥールーズ計画
コデルチの設備ベース

(3) 建築の機能の露出、空間単位の露出のもつ意味
メタボリズムの方法（黒川のプレハブ・アパート計画、志賀邸計画）
スターリングのレスター大学工学研究所

(4) デザインにおけるコンピューターの果たす役割は何か
アレキサンダーによるコンピューター・システムによるインドの農村の計画（人口六〇〇人）

(5) 刺激――反応のパターンを発見する動的な方法論の可能性
スミッソンのケンブリッジ計画
黒川の点刺激システム（拠点開発システム、西陣計画・磯子計画）

白熱した討議による批判と確認

〈批　判〉

(1) 個人の空間単位が、質的な転換・構造の変身なくして都市まで拡大し得ない。

(2) 都市空間に設定するインフラ・ストラクチャー――成長・変化する空間の中の変わらない要素だとしても、長期のプログラムにおいてどこまで建築家が責任をもてるか。

(3) 機能の露出、特に設備的・技術的空間単位の意識的な露出は、アグリーな露出ではなく、コントロールされた優雅な露出でなくてはならない。

〈確　認〉

(1) 成長・変化を唱える流行現象には、同時にきわめて危険も含まれている。成長・変化の主体性の概念を導入する必要がある。

(2) 個々の空間単位（部分）が全体に組織づけられるためには、群として成立させるためのシステム（必ずしもメガ・ストラクチャーではない）が必要である。

(3) コンピューター・システムに対する建築家のアレルギーを追放すること。

(4) 都市空間における建築の実現が、他の群への反応を引きおこしてゆくという、刺激反応のパターンに目を注ぐ必要がある。

(5) 方法論はそれ自体では無力である。実現と方法論との間の矛盾やへだたりのみが、討議の出発点となり得る。

会議は、「結論を出す必要はまったく認めない」という結論を出して解散した。

このころまでに世界各国で、TEAM X 以外のいくつかのグループも活動を開始していた。METABOLISM グループ（日本）、GEAM（ヨーロッパ）、ARCHIGRAM（英国）、ジョイントセンターを中心とするアーバンデザインの研究グループ（アメリカ）など。

GEAM（動く建築研究グループ）は、かってはCIAM のメンバーであったヨナ・フリードマンが、CIAM 解散後ただちに結成したグループで、エメリッヒ、シュトォー、ポール・メモン（以上、仏）、ギンシェル、シュルツ、フィーリッツ、フライ・オットー（以上、独）、フラー、ワックスマン、ワクター（以上、米）、ブラッドバンク（英）、ハンセン、ルカジ、ビッツ・ピノ（ポーランド）、トラプマン（オランダ）などがこれに参加している。

ヨナ・フリードマンの「空間都市」に代表されているように、GEAM の求めるところは、河の上に、既存の都市の上空に、海上に構築されるべき、都市のインフラ・ストラクチャーである。パリのフランソワ・ショーエ女史の招きで、ジャン・プルーヴェ、フリードマンと会食をした席上で、私は「GEAM と TEAM X は、どう違うのか」という質問をしたことがある。その答は、次のようなものであった。

(1) CIAM の基礎は、建築家が社会のオルガナイザーであると信じている点にあり、TEAM X もそれを引き継いでいる。GEAM のメンバーは、このような組織者としての建築家のイメージを否定し、みずからを建設者または技術者と考える。最終的なかたちを決めるのは住い手である。

(2) CIAM の問題意識は空間の質に集中されていたあまり、空間の量的な問題、たとえば住宅の絶対量の不足に対する社会的な闘争、技術者としての追求をおこたった。TEAM X にも同様の傾向がある。

(3) 現実につくることよりも、予見することに力をそそがねばならない。TEAM X は現実妥協である。

GEAMが、スペース・フレームの技術的・工学的問題に焦点をしぼっている理由もここにある。昨年、GEAM のメンバーの一人、ポール・メモンが日本を訪れて、GEAM の解体を告げ新しいグループ GIAP のマニフェストを置いて帰った。GIAP とは予見的建築の国際グループの意味であり、評論家ミシェル・ラゴン、彫刻家ニコラス・ショファー、建築家ヨンネル・シャイン、ジャン・プルーヴェなどを加えている。GEAM, GIAP と同じ道を歩んでいるグループとして、英国の ARCHIGRAM グループがある。

レイナー・バンハムは、ARCHIGRAM の追求している空間を、「とり換え方式の建築」(Clip on Architecture) と名付け、それが工業化された建築の「繰り返しの美学」という英国の伝統を引きつぎ、それを革命的にのりこえたものだとして評価している。バンハムの評価は、彼の自国びいきの性格を差し引いて考えなければならないが、昨年ロンドンで会ったときの、彼らの徹底したポップ・アーチストぶりには目を見張るものがあった。

彼らにとっては真に革命的な建築は、未来のある日、突然出現し、驚くべき技術の水準で装置として構築されるはずであり、TEAM X にしても、METABOLISM にしても、現在の時点で実現できるものはすべて、妥協の産物になるというのである。つくるものと方法論の断層こそ出発点だとする TEAM X と、つくることよりは、むしろつくらないことに出発点を求めようとする GEAM や ARCHIGRAM の違いは重要な問題を含んでいるように思われる。

一九六六年九月イタリアのウルビノで開かれた TEAM X ウルビノ会議は、この断層をますます明確にしたものと言える。会議は冒頭から激しいアメリカ批判で始まった。ロスアンゼルス大学からやってきたリュウは、提示した計画案の前で、返答できないほどの嘲笑と攻撃を受けた。

数万人の住居単位には、数階ごとに公共のショッピングストリートがあり、いくつかの住居単位が、ハイウェイで連結されているという計画(学生を指導してつくったプロジェクト)。現実とかかわり合いのないプロジェクトは何の予見価値もないというわけである。すべての計画案に対して、「それがどのような現実との闘争に建築家をおとしいれているのか、そこから得られたものは何か、その結果その計画はどう変わったのか、どう変わり得るのか、そしてどう実現したのか」という順序で、連日、裁判のように熱っぽく批判がくり返されたのである。

TEAM X は回を重ねるごとに閉鎖的となり、現実につくらない建築家たち(GEAM, ARCHIGRAM)の参加の申し出を拒否してきているのだが、ウルビノ会議はその頂点であったといってよいだろう。しかもスミッソンやウッヅなどの主流は、方法論についても同じレベルで話し合える者だけの会議へと、ますますその範囲を狭く、鋭く限ってゆくべきであると考えている。スミッソンに言わせれば、異なった方法論の勉強会や他流試合的な国際会議の時代はすぎて、いまや鋭い方法論が発見され、試されねばならないのである。

ヴァン・アイクの推せんによって招待をうけた、スターリング、ホライン（レイノルズ賞受賞のウィーンの建築家）、スティフター、リュウ、ヘルツベルガーに反対しつづけたスミッソンは、それが撤回されないとみると、ついに欠席してしまったのである。会議の全体を覆っていた雰囲気は、技術主義に対する批判と、現実の社会状況に対する危機感であった。ロヨモン会議での自信に満ちたウッヅの表情はけわしかった。コンペで一等になったトゥールーズ・ミレーユの実施計画も、ベルリン自由大学の実施計画も、大きな困難にぶつかっていた。その現実の闘争・矛盾の中で得たみずからの体験から、彼は特にアメリカの技術的楽観主義を大声でののしった。

「都市空間の中の変わるものと変わらないものを明らかにすること」

「自動車（技術）を最終的にどこまで生活空間の中に、はいり込ませるか」

という、あらかじめ設定されたテーマのもとに参加者は情熱的に自分の作品を語った。

(1) ドイツのブッペルタールでは、今から三〇年も前からモノレールが街の空中を走っていた。モノレールからの視点のなんとダイナミックなことか。ドイツのウンゲルスによる映画のプロジェクション

(2) アメリカでは、トレーラーハウスで移動しながら生活している人口がいよいよ五〇〇万に達し

た。新しい動くコミュニティの暗示、スライドによるプロジェクション（アメリカのスティクター）

(3) 自動車による都市の変革は決定的である。アメリカ西部、特にロスアンゼルスはアメリカ東部と異なった世界を構築しつつある。第二のアメリカの出現。巨大な装置都市に対する期待。スライドによる、スチューデントワークのプロジェクション（アメリカ、ロスアンゼルス大学のリュウ）

(4) 自動車にかわる新しいトランスポーテーション手段への期待。イギリスのリチャーズの報告

(5) 自動車交通を中心とする交通の都心軸こそ大都市のパターンである。バケマによるアムステルダムの海上都市

(6) 空間単位の蓄積が、新しい構造に変身するプレハブ工法による市庁舎の計画。オランダのヘルツベルガーの問題提起

(7) メタボリック・サイクルの理論の適用による菱野ニュータウン計画（黒川）

これらはいずれも、①技術のよりいっそうの適用、②自動車の生活空間へのよりいっそうの浸透を認める、③建築都市の装置的側面の強調、④空間単位に分解された建築都市をつなぎとめる構造の発見、を主張しているものであった。

これに対する批判は、技術的装置の露出は生活への乱入であるとする立場である。ベルリン・ミーティング（ロヨモン会議ののち一九六五年ベルリンで開かれたTEAM X会議で、主要メンバ

ーのほかに、スターリング、ウッツオン、プルーヴェなどが参加している）におけるスミッソンの覚書「カーテンレールをみせないようにつくりつけた職人にたいして、メカニズムがみえるように、つけ直しをさせたという、ベルトホルト・ブレヒトのように、技術をかさにきたレトリックの建築（修辞学的建築）が、生活を混乱させている。われわれは技術を否定はしないが、コントロールすることを忘れてはいけない。シャンディガールのキャピトールの静けさ、ラファイエットパークのパーキングスペースのおだやかさ、チェースマンハッタン銀行のプラザの知性を学べ」（一九六六・九・二〇）が、批判のよってたつ立場を明らかにしている。キャンディリス、ウッヅのステム・アイデアも自動車をコントロールする装置として、より明確に定義づけられつつあるように見受けられた。後者の立場が、本来の TEAM X の立場であることを確認しようとする努力は結局不成功に終わり、ふたたび結論を出すことなく解散した。

会議終了後、ロンドンのスミッソンのアトリエでの確認。

(1) 知性的でコントロールされた静かな空間は、巨大な技術時代を肯定することを前提としていること。

(2) 技術や機械のもつバイオレンスを武器として有効に使える時代は、前技術的段階二〇世紀初頭から CIAM 前期までである。技術が一部の人のものではなく、全部の人に及んでいる現在は、制御された静かな空間（露出を拒否する空間）が武器となるべきであること。

(3) TEAM X の継承しているものは CIAM の遺産ではなく、一九二〇年代の近代建築の英雄的時代である。

〈現代の状況と現代建築の課題〉

一 現代建築は幾何学から解放される

現代は第二のルネッサンスである。哲学が神学の奴隷であり、科学は錬金術と星占いであった中世、理性と幾何学の秩序による中世都市を解放したのは、ルネッサンスの爆発した精神であった。火薬と火器の発明、活字印刷の発明、コロンブス、バスコダガマ、マジェランによる世界の発見、コペルニクス、ガリレイによる地動説の確立、ニュートン力学、ユークリッド幾何学の完成がルネッサンスの背景だったとすれば、現代は、原子力エネルギーの発明、テレビ・ラジオによるマスコミュニケーションの成立、宇宙開発による宇宙の発見、アインシュタインの相対性原理の発見、非ユークリッド幾何学の成立と、その背景は押し広げられている。

中世が神の神聖な秩序を幾何学の秩序に置きかえたのと同様に、偉大な総合を目ざしたCIAMもまた、建築を幾何学の秩序の奴隷にしたのではなかったか。

ルネッサンスの建築が、神の目に代わって自分たちの目と意識でものを見ようとして「パースペクティヴ」を発見したように、われわれはインターナショナル・スタイルというかくれみのをまとって、産業機構や権力によって奴隷化されている、四角の建築、直線の建築を解放しなくてはならない。

デ・スティル、フランク・ロイド・ライトの評価。

二　現代建築はメタボリズムとメタモルフォーシスをもつ

建築や都市のメタボリズムとはエントロピーの増大、つまり、より複雑な、より不確定な状態への移行であると定義したのは「メタボリズムの方法論」(一九六〇年一一月近代建築)においてであった。建築家の創造は、常にエントロピー増大に逆行する負のエントロピーとしてとらえられるわけなのだが、そこに投入された組織は次の次元のエントロピー増大への段階でしかない。たしかに、現代文明の状況は、次第に混沌としたエントロピー増大への方向をたどりつつあるようにみえる。

あらゆる生命体が、宇宙をも含めてクラジウスのいう「熱の死」の状態からのがれるためには、「開いた構造」をもつことである(「メタボリックスペースの概念」近代建築一九六二年四月)。ちょうど宇宙が開いた系として新しい星を受け入れ、ボルツマンのいう非平衡の状態をつくりだしていくのと同様に、建築・都市の空間が開いた構造を持つかぎりにおいて、われわれはなまぬるい熱の状態から救われるのである。

建築や都市を、部分に空間単位に分解してゆくと、その組み合わせは多様性・個性・代謝性を帯びてくる(槇・大高のグループ・フォーム、大谷の積層アイデア、ヴァン・アイクの単位システム、黒川のメタボリック・サイクル)。この方法を、そのまま都市のスケールに展開するにつれて、どこかで群として成立させるための「構造」「組織」が必要になってくる。それをインフラストラクチャーと呼んでいい。このインフラストラクチャーは、全体を統一するものであるよりは、むしろ次の次元でのより多くの可能性をもった、多様性・変化性（代謝性）をうながし、エントロピーはより増大へと向かうのである。そしていつかは、ふたたび次の段階のより強力な「構造」「組織」が発見されなければならない時がやってくるのである。

空間が発展する基本的な運動形態がメタボリズムであり、その過程はエントロピー増大で表わされる。空間の発展の過程で、繰り返し投入される「構造」（負のエントロピー）が、空間の組織を変身（メタモルフォーシス）させる。メタモルフォーシスは、メタボリズムを支えている「ゆらぎ」の原理である。

現代建築は、メタボリズムとメタモルフォーシスの方法をもたねばならない。

三　現代建築は技術的密着から解放される

建築は人間をコントロールする装置なのではなく、人間が技術や機械をコントロールする装置として建築が存在する。スミッソンの言う技術の「静けさ」が追求されねばならない。メタボリズムのとりかえの理論、ルイ・カーンの「マスター・スペース、サーバント・スペースの理論」、アーキグラムのとりかえの理論、GEAM の動く建築の理論の中に、人間が主体性をもってとりかえ動かすという、建築空間の主体性が追求されねばならない。

四　現代建築は常に部分として存在する

建築は、それ自体で総体を構築しているものではない。広がりで言えば、都市のエレメントとしての部分であり、時間で言えば変わってゆく過程の一つの断面である。建築はそれ自体、機能を生みだす装置でありながら、場を構成する一つの要素でしかない。人間の行動と建築とのかかわり合い(反応)は、建築をこえた場で成立する。インテリア、エクステリアの概念の消失が予見される。外部空間の理論はこの過程への一歩である。建築と都市とを同質と考えようとする、ヴァン・アイクの双子現象論は評価されねばならない。

現代建築が部分として存在するかぎり、それは常に、次の時間へ、次の広がりへ連結される可能性をもつ。

五　現代建築は科学的方法論をもたねばならない

ドクシアディスによるエキスティックスは、方法論のとるべき範囲とそこで有効なモーメントを明らかにしたことに意義がある。アメリカのジョイントセンターを中心とする視覚的アプローチは重要である。アレキサンダーによる、コンピューター・システムによる計画の方法論は評価されるべきである。現代建築の方法論は、実践によって検証されることを前提にしなければならない。ARCHIGRAM, GEAM の予見は、潜在意識の現代建築として明確に区別されるべきである。

六　現代建築は世界的な伝統の上に立たねばならない

戦後の「伝統論」の成果が、最近の国立劇場・国際会議場だとすると、きわめて不毛だったと言わねばならない。現代建築における伝統が、風土や民族やその国の建築産業の水準に依存することであってはならない。しかし、現在の地球上にある、文明のもつ必然的な矛盾、西欧とアジアの歴史的な発展過程の違いは、あらゆる側面から暴露されねばならない。

都市設計の方法

〈都市計画と都市設計〉

最近、都市計画という言葉に対して都市設計（アーバン・デザイン）という言葉が使われるようになった。従来、わが国で都市計画といわれているものの基礎は、一九一九年（大正八年）に公布された都市計画法・市街地建築物法であり、その実体は、街路計画・区画整理・土地利用（用途地域）の三つがそのすべてであった。極端にいうと、道路さえつくれば都市計画の大筋は完成し、あとは法令の適用と解釈の問題とされるのが一般的であり、その結果、都市計画事業のうちそのほとんどを占めているのが、都市計画街路事業と区画整理事業なのである。

ところが最近、社会的な建設投資の規模が大きくなるとともに、都市内の建設投資のうち道路などの土木に対する投資よりも建築に対する投資のほうが急激にふえてきた。しかも個々の建築のなかには、いくつかの街区にまたがるような大規模なものが現れるようになり、市街地を立体的に再開発するというような、三次元的な建築的な処理を必要とする場合がつぎつぎと出はじめている。このような傾向は、これまでのように道路や土地利用を決め、あとは計画にしたがって、個々の建築を設計していけばよいというような具合にはいかず、問題を一度ふりだしにもどして再検討し、新しい都市計画の方法を確立する必要にせまられている。

その場合、重要な役割を帯びているのが、空間を三次元的に処理する建築的な手法としての都市設計の方法論だと考えられる。いいかえれば、土木と建築、あるいは都市計画と建築設計の間にある断層に橋をかけ、その混乱を秩序づけるのが都市設計の役割だといってよい。

アメリカで、ハーバード大学のアーバン・デザイン学科、ペンシルバニア大学のシビック・デザインコース、カリフォルニア大学の環境デザイン学部、あるいはＭＩＴとハーバード大学のジョイント・センターが、都市の建設と再編成という新しい時代の要請によって重要な役割を果たしているのもそのためである。

日本でも最近、東京大学に都市工学科が新設され、今後各大学にアーバン・デザイン・コースが続々と新設される傾向にあるのも当然のことといえよう。そこで、前段階ではその前提となる諸条件について述べ、後段ではその方法論を展開したいと思う。

〈都市設計論の前提〉

〝都市設計とは、建築の設計である〟

夜、飛行機から都市を見おろしたとき、都市の実体にふれた思いをすることがある。昼間の都市はあまりにもいろいろなものが見えすぎて、実は何もわれわれに語りかけてこないのだが、都市の夜景は何とドラマチックなことだろう。

パリ、ローマ、ロンドン、ニューヨーク、ブラジリア、そして東京、それぞれの都市が、夜ほどその性格をダイナミックに示すときはない。そして都市の夜景こそ、道路も、建築も、河川も、公園もすべて混然一体とした都市の実体ではないか。動く自動車のライト、次第に消えていく住宅地の灯、それと対照的に輝きを増す都心のネオン。この時間的に動き、変化する都市のアクティビティーまでがこれに加わり、生きている都市の造型をわれわれに示してくれる。そしておもしろいことには、三次元的に立体化された都市ほど、溶解した光のかたまりのように輝くのである。

これからの都市の夜景は一層溶解し、そして宝石のようにまばゆく輝く結晶体になっていくだろう。ちょうど生命体が、より高度なものほど複雑な構造と組織をもつように、都市構造もまた、次第に複雑で有機的なものになっていくからである。

都市に自動車が出現したときから、都市には新しい神経系統が発生しはじめ、現在に至って、やっと一つのまとまった系として完成の域に近づいている。自動車専用道路、インターチェンジ、駐車場建築といった一連の都市構造が、従来の平面的な都市構造を立体的に、というよりはむしろトポロジカルに連結している。

都市の業務地域は、高い情報密度と高速の情報処理能力を求めて、次第に結晶体のように立体化された空間になっていくに違いない。建築が高層化され、超高層建築が出現しはじめたのはその芽ばえなのだが、将来はおそらく、超高層建築相互が空中で幾重にも連結され、屋上にヘリコプターやVTOLやSTOLの発着場を持つ有機的なものになっていくであろう。いいかえれば、道路と駐車場と建築と飛行場と橋とが、入り組んで一つの巨大な建築体を構成するのである。

ストックホルムの都心再開発に用いられた手法は、高層の四つのオフィスビルを二階建の長い店舗建築で結ぶというものなのだが、この店舗建築の屋上は歩道になっており、建築が道路化されている。イギリスの建築家ピーター・スミッソンによるベルリンの道路計画やロンドンの道路スタディーは、既存の道路系統の上部に、重ねるように歩道網（ペデストリアン・デッキ）をつくろうとするものであるが、これもまた商店街の屋上が歩道となった建築の道路化だといってさしつかえない。

これに対して、地下街や、いわゆるアーケードによる銀天街は、道路を建築化したものといえるだろう。私は丸の内再開発計画の構想の中で、駐車場・階段・リフト・上下水配管・冷暖房設備などを含んだ「タテの道路」を公共投資によってつくって、この周囲に民間投資による高層ビルを配置するという案（一九六〇年）を提案したことがあるが、この考えかたも同様に道路を建築化し、タテの方向につくることによって、従来バラバラだった都市の建築群を有機体へと誘導しようとする試みであった。

これからの都市は、それが小都市であろうと大都市であろうと、きわめて有機化されたものになり、それは、まさに巨大な建築と呼ぶにふさわしいものになっていくであろう。道路や公園や河川が土木技術として設計される時代は過ぎて、それらのすべてが、三次元的に都市生活にかかわり合う建築空間として処理されなければならないのである。都市設計とは建築設計であるといったのは、このような意味においてである。

〈機能と象徴〉

〝都市設計とは、条件をかたちに置きかえる操作である〟

二〇世紀初頭からはじまったいくつかの芸術運動の波動は、機能的都市を目ざすCIAM（近代建築国際会議）にその頂点を見出すことができる。一九六五年死去したル・コルビュジエをはじめ、現代建築の巨匠とよばれるグロピウス、ミース・ファン・デル・ローエ、アアルト、ニーマイヤー、セルトらが、この運動のリーダーであった。CIAM運動の支柱は、ル・コルビュジエの「輝ける都市」の理論であった。

その目的は、「人間欲求の機能を発見し、それを秩序づけること」であり、「都市の三つの空間―住む・働く・レクリエイトする空間―をどのように機能的に配置するか」ということであった。隣棟間隔、近隣住区単位、高層建築、グリーンベルト、人と車の分離、ゾーニング（土地利用）、現代われわれの生活している都市空間をつくっているこれらの手法も、このCIAM運動の結果、近代都市計画の手法として定着したものなのである。

ところが、そのどれをとってみても、それは空間の機能づけの手法ではあっても、かたちに置きかえる手法ではない。いいかえるならば、システムの問題ではあっても、デザインの問題ではないのである。もちろん私は、システムこそデザインのために欠かせない段階であると考えているのだが、ここで反省しなくてはならないのは、システムの段階で止まってしまったものは、決して建築にはなり得ないし、都市にもなり得ないということなのである。都市とは、きわめて具体的な造型の実体をもつ空間であり、その実体的な空間の違いが、本質的に生活にかかわり合うからである。

歴史学者エリアーデは、古代文明社会の時代の都市空間を「天空的祖型の空間」と呼んでいる。たとえば、シュメールの古都市の神殿のプランや、バビロニアのすべての都市は、その祖型を星座に負っているといわれる。神なる宇宙を、空間に忠実に再現することが都市設計の目的であった。古代ギリシャの都市では、アクロポリスは当然として、門も井戸も中庭もそれぞれの神の象徴であったように、中世にいたるまで、都市空間は象徴的であることによって成立していたのである。

空間を機能的に把握するようになるのは、ルネッサンス以後といってよい。コペルニクスの地動説が、空間の価値観を逆転したのがその始点であった。レオナルド・ダビンチが、神秘であった人体にメスを入れて人体の機能を把握しようとしたのも、あるいは理想都市が、いく人もの建築家たちによって描かれたのも、機能の追求だったといってよい。そして現代にいたるまで、われわれは次第にかたちそのもののもっている象徴性について見落してきたのではないのか。これからの都市が複雑な組織をもつようになるにつれて、その空間知覚はきわめてわかりにくいものとなる危険性がある。

地下街を歩いていて、ふと方向感覚を失うことはよくあることだし、ハイウェイを走っていてインターチェンジにはいるとき完全に方向感覚を失うことがある。身近な町を例にとっても、まるで迷路のような場所はいくらでもあるだろう。「わかりやすい都市をつくること」が重要な課題であることはこのためであるのだが、その手法にあきらかに異なる二つの方法がある。

現代都市にわかりやすさがあるとすれば、それは「サイン（記号）」によるわかりやすさであろう。街路にあふれている交通標識・交通信号・案内標識・看板・広告などの「サイン」をわれわれは信じ、そしてそれにしたがって機械的に行動する。たしかに、たとえどのように複雑怪奇な迷路であっても、サインによって誘導すれば、道をまちがうことはあるまい。しかし、ひとたびサインの系統になんらかの故障が発生すれば、大混乱が生ずることは必定である。機能的空間と呼ばれている現代都市は、常にこのような危険にさらされているといってよい。ところが一方で、空間それ自体のかたちのもつ象徴性によって、全くなんの「サイン」もなく、迷路をわかりやすくすることもできるのである。

イタリアの中世都市などを歩いていると、この「迷路的わかりやすさ」を体験することができる。街路のコーナーのふんいき、道のテクスチャー、両側に建つ建築のもつ象徴性、そして刻一刻変化し、その場その場を印象づける期待感は、そこを通る人に空間のかたちのもつ象徴性を強く印象づけ、ふたたびそこを通る人は決して道をまちがえることはないだろう。それは、サインによる誘導という抽象的体験・概念的体験のシークエンスではなく、空間そのものの実体的・具体的な体験の連結だから……。

われわれは、都市空間のかたちの価値を再発見しなくてはならない。科学のもつ合理主義精神が、かたちのもつ価値を見落とし、空間の象徴性を罪悪視し、軽視し、つけたしの装飾として考えてきた点があることを強く反省する必要がある。都市社会学・都市地理学・都市経済学など、都市計画の隣接分野の発展が、都市計画を科学として確立するのに大きな貢献をしてきたことはいうまでもないことである。しかし科学のもつ方法はそもそも分析的であって、すべてを一つに溶解しているかたちをそのままの姿で評価する方法をもたなかった。

都市設計が、分析された諸条件を実体的なかたちに置きかえる操作である以上、それはむしろ総合の科学であり、芸術なのである。都市設計の方法論を確立するためには、従来の条件分析の手法に、シンボルのもつ機能を導入することによって、総合のための科学を成立させることと、芸術のもつ「生命力」、建築家のもつ「構想力」を道具にすることが必要になるだろう。

＜予測の科学としての都市設計＞

都市設計は、それが昨日から着工した場合であっても、将来に対する計画であることに変わりはない。しかも都市とは、たとえそれがブラジリアのように全く新しい土地に建設される場合でも、長い年月を経て形成されるものであり、既存の市街地を含んで再開発されていく場合には、まさに終わることのない新陳代謝のプロセスそのものだといってよいだろう。都市を設計するというのは、この過去から未来までのプロセスを設計することであり、予測なしでは成立しないものなのである。

現在、都市計画として最終的に表現される図面は「マスター・プラン」と呼ばれているものである。一五年とか二〇年といった目標を設定してプランをつくり、目標年度に完成しようというわけなのだが、最近の急激な社会の進歩、特に都市装置（交通機関・上下水道・エネルギー供給・コミュニケーション施設など）の技術的な進歩によって、二〇年先の固定的な目標がほとんど無意味なものになってしまうことが多い。

つい五〇年前までは、まだ馬車の時代であった。わが国の場合を例にとると、全国的な馬車道敷設がはじまったのが一八七〇年であり、東京で馬車のためのアスファルト舗装がはじまったのは、やっと一九二一年になってからである。馬車のための道路がまだ完成しないうちに、自動車が驚くべき勢いで都市にあふれるようになったのである。一九六〇年に二五〇万台の自動車が、一九八〇年には四、〇〇〇万台になるだろうと予測されているように(「二一世紀への階段」科学技術庁編)、その増加のスピードはおそるべきものである。全国を高速道路網で結び、都市内に自動車専用道路をつくる計画が、いそいで実行されつつあるのも、自動車がどんなに現代都市の装置を変革したかの証拠である。ところがこの自動車でさえ、いつまた別の乗物にとって代わるかわからないのだ。巨額の投資によってつくられ、巨大な構築物としてまるで永遠不滅であるかのようにみえる高速道路・自動車専用道路が、ある日突然スクラップになるかも知れないという状況の中で、われわれは生活していることを知らなければならない。

未来を予測することが、きわめて困難な時代にわれわれは生きているのである。このような現実の状況の中で、なおかつ都市設計の方法を捜し求めるとすれば、どのような予測の仕方をとることができるだろうか。その一つは、従来から用いられている予測の方法なのだが、現状のあらゆるデータを整理し統計することによって、その傾向をつかみ、それを将来へのばすというやりかたである。この方法を都市計画にはじめて適用したのは、近代都市計画の父と呼ばれているパトリック・ゲデスであった。

彼は元来動物学者であったのだが、都市の地域・人口静態・雇用状況・生活状況の調査・収集・分析をとおして、都市計画技術を科学として成立させようと試みたのである。もちろんその背景には、ドイツのマルクス、ウェーバー、ゾンバルト、テンニース、ジンメル、フランスのデュルケイムらによる文明構造の体系的研究や、イギリスのメヒュ・ブースの都市労働者生活のモノグラフ的研究があり、アメリカのケロッグによるピッツバーグの大規模な調査、パーク、バージェスらによる集団生活の観察を通じての人間経験の研究、あるいはまた現代都市社会学の父と呼ばれているワース、レッドフィールドによる都市社会学の発展があったのだが、ゲデスの方法がルネッサンス、バロックの都市計画を通じてみられるような都市の遠近法的・建築アンサンブル的な計画方法をはじめて近代化する端緒となったことは確かであろう。その後、調査・分析を中心とする統計的手法は、電子計算機の応用によって一つの段階に達したといってよいだろう。

一九六二年に私の出席したチーム・テン会議には、アメリカの都市設計家アレキサンダーが、電子計算機によって設計したインドの小部落の例を報告して全員の注目をあびたが、これは電子計算機の開発と普及がいちじるしいアメリカでの都市設計の一つの傾向になるのではないかと、私は推測している。

K・ポパーは、彼の「歴史主義の貧困」の中で、漸次的社会工学(Piecemeal Social Engineering)を提唱している。現実の状況の中に起きているいくつかの兆候や傾向を、つぎはぎ的につなぎ合わせていくことによって、その先の傾向を読んでいこうというわけなのだが、アレキサンダーをはじめとする研究の方向も、このようなプラグマテックなアメリカの思想的風土に根ざしているともいえるかも知れない。わが国でも、都市の計画方法として一般にとられる順序は、人口調査・就業構造調査・交通調査・産業調査などの資料を収集し、それを〝常識的な線〟上に延長し、人口密度・

土地利用・街路計画としてプランにおとしていく操作なのであるが、問題の一つは、常識的だと考えられる線上に延長するという予測が正しいかどうかということである。

収集されたデータが、ある強い傾向を示しているとしても、それを必要なもの、あるいは未来へのびるものと考えるのは必ずしも正しくない。コロンビア大学のウェア、ボナー、ブラウンの三教授を中心とする共同研究班が発表した「一〇〇年後の世界」によると、一〇〇年後に地球上の人類の人口が、ひかえ目にみて現在の三〇億から七〇億に増加し、その生活水準が、すべて現在のアメリカなみ（鉄の一人当たりの使用量が九トン、それを動かし仕事をさせるためのエネルギーが石炭に換算して九トン）になると仮定するだけで、地球の資源は不足すると推定されており、しかもアメリカの生活水準は一〇〇年後には、鉄の一人当たり使用量一〇〇トン、その必要エネルギー一〇〇トンの石炭相当になるとして、もし一〇〇年後の世界に人類が生きのびるためには、効率のよい環境装置を持ち、資源の再生産的利用を考える必要があるとしている。

このような推定から、未来の都市はきわめてコンパクトな都市装置をもつと結論することは決して誤りではない。しかし、このようなフィジカルなモメントと同時に、一方でわれわれの都市は、きわめてメタフィジカルな変化の要因をもつことがある。たとえばニューヨークの摩天楼の生成のモメントを、いったいどのように説明することができるだろうか。

高い建築だからといって、事務所建築としての効率がよいわけでなく、日照・通風・みとおしの条件がよいわけでなく、都市交通の条件は悪くなるばかりであった。短い期間に、まるで変形菌が生成するときのように高層建築が林立し、隣の建築より、より高くより大きくという狂気のさたであったといってもよい。しかし将来、都市装置の効率が重要なファクターになるとすれば、交通・情報交換をその機能とする第三次産業的都市の情報空間は、狂気のさたを許さないほど技術的で精巧なものとなっていくに違いない。

われわれは、都市装置がその時代の技術的な革新によって、いつ突発的に変化するかわからないという前提に立ちながらも、より正確に、都市のフィジカルな側面の予測をつづける必要があるし、また同時に、人間の生命の根源に光をあてることによって、都市のメタフィジカルな側面の予測をする必要がある。都市の造型は、フィジカルな装置空間とメタフィジカルな精神空間のぶつかり合った姿であり、人間の精神と、それが生みだした技術との闘争の姿だといってよい。都市計画についての調査・分析が、現象というフィジカルな面にかぎられるため、その限界も明らかであろう。そして都市設計が、調査・分析された諸条件を造型におきかえる作業だとすれば、その限界をのり越える方法を持たなければならないこともまた明らかなことである。イメージ・プランニング(構想計画)、またはビジョナリー・プランニングとでも呼んだらいいようなもう一つの予測の方法が必要だ。

一九六〇年ニューヨークの近代美術館で、ビジョナリー・アーキテクチャー展(構想の建築展)が開催され、大きな反響をよんだことがあるが(古くは、ペルツィッヒ、ワグナー、メンデルゾーン、サンテリアから、ライト、ル・コルビュジエ、そしてわが国からは菊竹清訓氏の塔状都市と私の農村都市構想)、これは古い時代から現代にいたるまでの実現しなかった構想の中に、人間生命の根源の光をみようとする意図であり、都市設計のもう一つのアプローチを示した展示だったといってよい。

〈三段階の設計作業〉

都市設計を作業の段階として考えると構想過程(ビジョナリー・プロセス)、構造過程(ストラクチャリング・プロセス)、造型過程(デザイン・プロセス)の三つの段階がある。そしてこの三つの作業過程は、どれも現状の分析・調査から連続して生まれるものではなく、最初から未来へ向かって投げ入れられる「仮設作業」である。

科学哲学を提唱するハンス・ライヘンバッハの「措定の理論」、あるいはマックス・ウェーバーの「理想型の概念」に近いものといってもさしつかえないだろう。理論物理学で用いられるモデル、あるいは生化学で用いられるモデルのように、都市のモデルを想定して、その未来の姿へより本質的に迫ろうとするのである。この場合の都市のモデルとは、決してすがたかたちの完結したものではなく、都市空間のあるべき秩序をシステムとして構造づけたものなのである。たとえば道路と建築の関係についてみても、昔は道路が都市の基本構造であり、その寿命も長いものに違いなかったのだが、自動車の道路が出現するに至って、道路には生活空間の延長としての道と、自動車のための設備としての道路とが分離することになる。自動車のための道路が変化しやすい装置として、都市の基本構造にしないほうがよいとする空間の秩序づけ、つまり都市の構造化もあってよいわけである。

都市の主空間である生活空間（住空間）と、その召使いともいうべき装置空間とを、どのように構造化するか。人間の歩く速さから、自動車の一〇〇km/hのスピードまでの速度の違いをどのように空間として秩序づけるか。道具的な装置の耐用年数をどのように秩序づけるか。一次・二次・三次、そして四次産業というそれぞれの生産空間をどのように構造づけるか。これらの作業を、都市設計における構造過程と呼ぶ。この作業は、都市空間の論理的な構造をあきらかにすることによって、未来の都市のあるべきモデルをつくりあげるという仮設作業であって、そこに表現されるものは、造型になる以前の問題である。

前に私は、このような都市モデルを「原型都市」と呼んだことがある。都市設計の構造過程は、ちょうどX線写真のように、都市のある側面の構造を明らかにしてはいるが、決して肉のついたものではない。また一つの都市は、いくつかの異なる構造過程を重ね合わせることによって、より確かなものになると考えたほうがよいのではないだろうか。設計についての構造過程は、それが造型以前の問題であるため、あらゆる建築家のかたちへの定着の基礎となり、終わることのない都市の生成過程の基本的な骨組となり、新陳代謝する都市空間のささえとなるものである。そして都市設計についての構造過程は、そこに表現される空間の秩序・空間の論理・空間の矛盾の表出によって、それに参加する人々の思想そのものを表現することになる。都市設計の構造過程は、都市設計

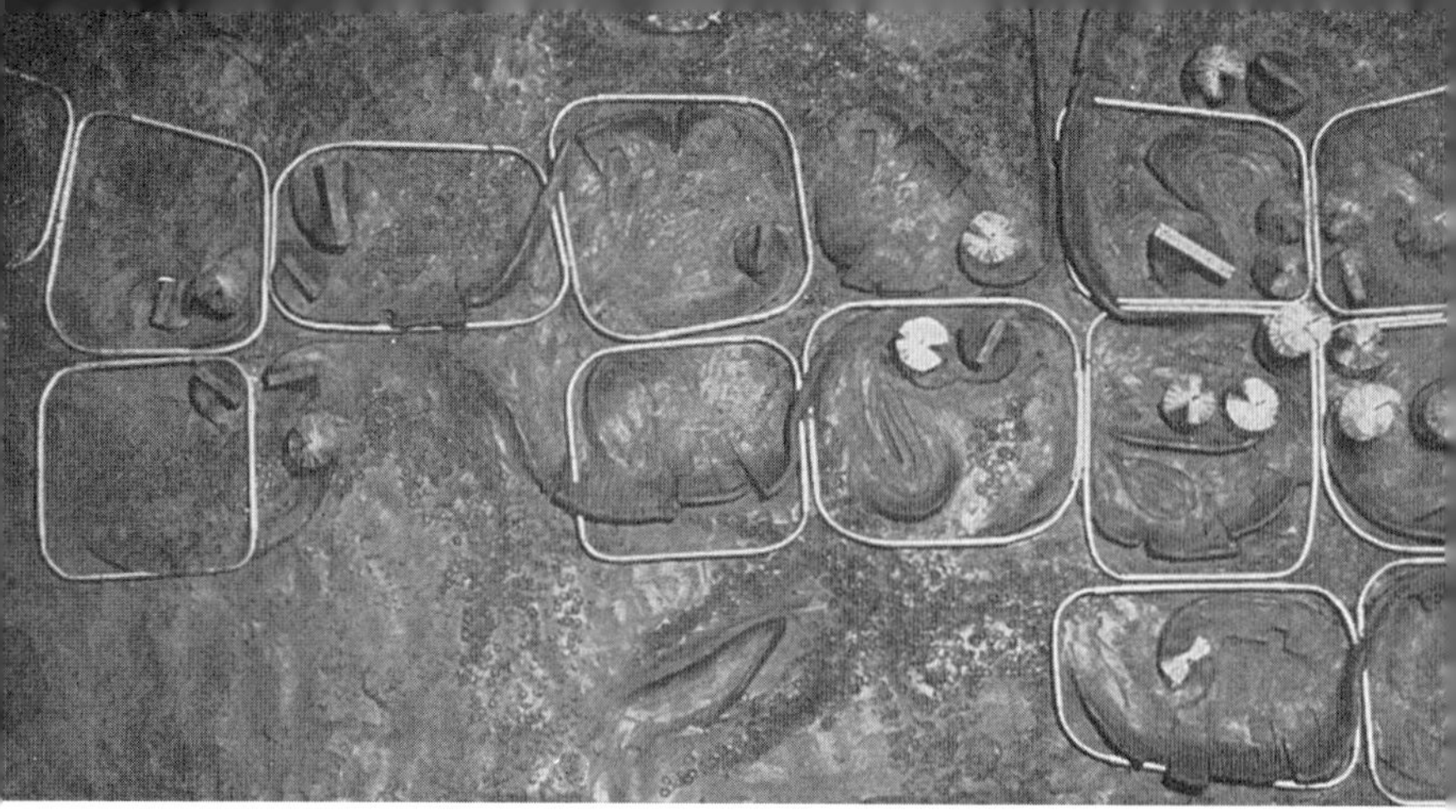

東京計画 1961

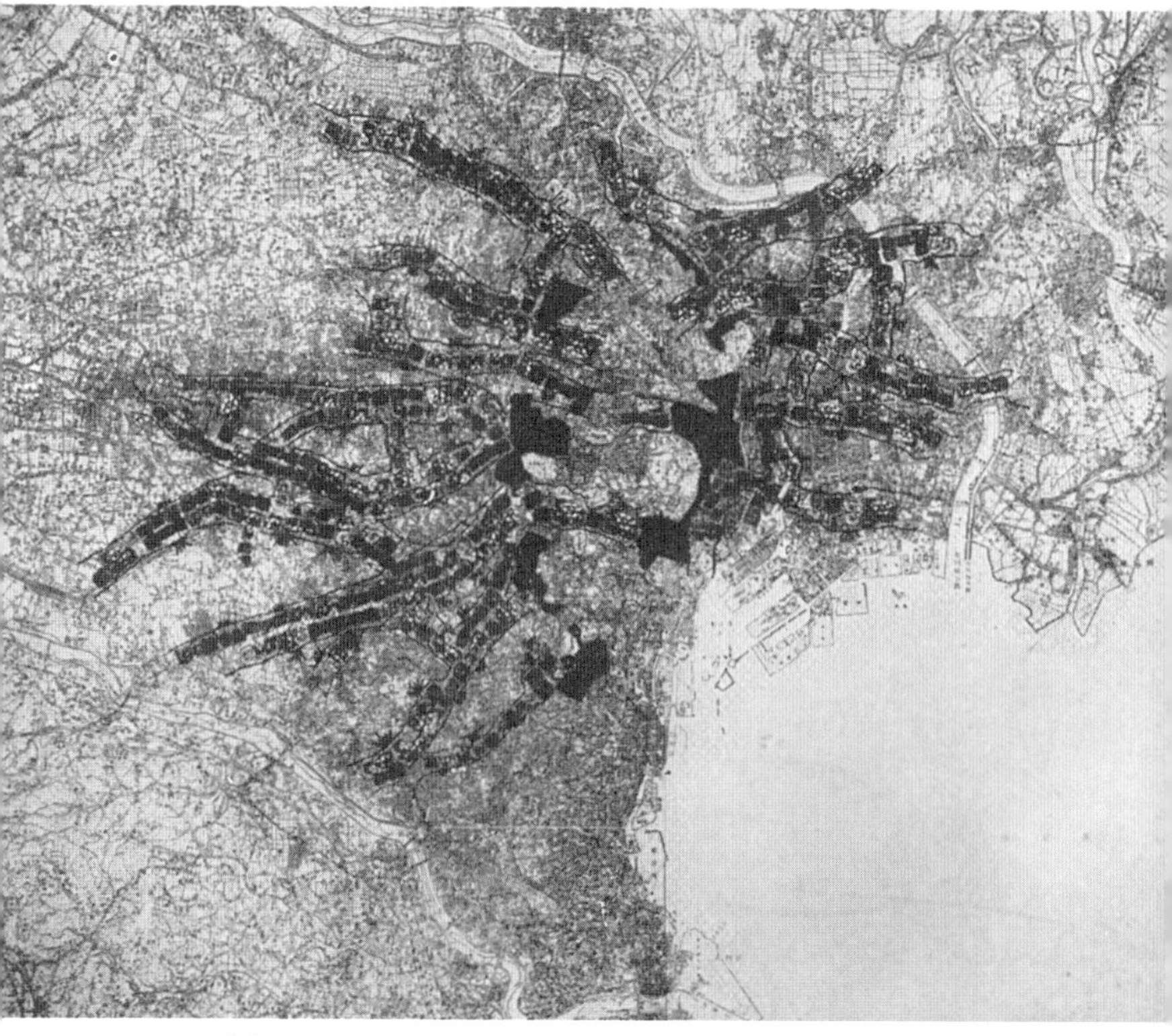

メタモルフォーゼ計画 1965

愛知県・菱野ニュータウン基本計画（1967年着工）

の構想過程と一対一に対応するものである。

人間生命の根源にせまることによって、現実に進行するあらゆる現象の矛盾を明らかにするという未来都市の洞察が、構造過程へのエネルギーになるのである。このような未来への予測は（予測というよりは、洞察といった方がよいかも知れない）、現実の調査・分析と断絶することによって、より本質的となるだろう。造型設計の過程が、建築家の造型能力によって左右されるということはやむを得ない。しかし、条件分析から造型へのかけ橋として、構想計画・構造計画・造型計画という仮設作業を設定することが、都市設計を科学として定着させる唯一の方法ではないかと思われるのである。

都市設計の具体的な方法論を展開する前提となる諸問題を要約すると、

(1) 従来から用いられている都市計画という言葉に対して、新たに都市設計という言葉を用いるのは、街路計画・土地利用・区画整理といった二次元的な手法に加えて、建築的な三次元的な手法が必要になったからである。

(2) 二〇世紀の前半から一九五六年にいたるまで続けられた、CIAM（近代建築国際会議）を中心とする近代都市計画運動は、都市の機能的側面を明らかにする役割を果たした。しかし、条件をかたちに置きかえるときに必要な、シンボルのもつ機能の導入に失敗している。

(3) 都市設計とは、大なり小なり未来に対する予測の科学である。その方法には、調査・分析を基礎として、そこに発見される傾向を未来へ伸ばすという予測の方法と、人間生命の根源に立ちかえって、直接的に都市の本質を抽出しようとするメタフィジカルな予測の方法とがある。

(4) 都市の設計を進めるためには、

a 構想過程(ビジョナリー・プロセス)

b 構造過程(ストラクチャリング・プロセス)

c 造型過程(デザイン・プロセス)

という三段階の作業の過程をとらえる必要がある。

(5) 新陳代謝する都市、いいかえるならば、常に成長し、変化する可能性を秘めた都市を設計する手だてをつかむためには、かたちを決定する造型過程の一段階前の構造過程を重視しなくてはならない。

ということになる。

〈原型都市〉

私は、構造的に把握された都市を〝原型都市〟と呼んでいる。構造過程の作業の段階で、われわれは都市の機能をある断面で構造づけ、ちょうどX線写真が生体の骨格、または消化器系統を明らかにするように、都市のあるべき姿を明らかにしてみせることができるのだが、これは決して「かたち」の問題ではない。しかも、それはいつも〝ある断面〟での構造づけであって、その断面のとりかたによって、そこに明らかにされる都市の姿も自然と異なったものとなるであろう。たとえば現在の東京を例にとっても、その構造は、切る断面によっていろいろな型をもっている。

道路の構造についてみれば、都心に集中する「放射状型」の傾向が強まりつつあるが、都心の構造からみれば、銀座・丸の内という中央都心の周辺に、池袋・渋谷・新宿・上野という副都心をもつ衛星型である。これを住宅地の分布からみると、郊外へと低密度にひろがった「拡散型」か、あるいは都心部に住む人口が郊外へと逃げだして、都市をとりまいて住むという「環状型」ともいえる。

経済機構からみると「放射状型」または「核型」、コミュニケーション・ネットの側面からみると、マスコミュニケーションの「放射状型」と個人のフェイス・ツー・フェイス、すなわち顔を見合って話すコミュニケーションの「ブラウン運動型」あるいは「拡散型」の共存といってよい。

このようないろいろな断面をもつ東京を、総合的にみて何々型と呼ぶのは意味のないことだし、不可能なことでもあろう。私のいう原型都市も、都市のある断面にひそむ矛盾を鋭くえぐり出して、あるべき構造づけをするという、いわば空間の論理を見出す作業だといってよい。ということは、逆にいえば一つの都市を設計するためには、できるかぎり多くの断面を切り、できるかぎり多くの原型を発見する必要があるわけだ。

農村都市計画（一九六〇年、近代建築誌上に発表、ニューヨーク近代美術館に展示）で提案した格子グリッド方式の人工土地、丸の内再開発計画（一九六〇年、近代建築、週刊朝日誌上に発表）ではアーバン・コネクターと呼んだ、垂直の道路ともいうべき装置建築の提案、戸山ハイツ住宅団地計画（一九六〇年、ミラノ・トリエンナーレ展出品）についていえば、自動車用廊下のついた高層アパートの提案、東京計画一九六一（フランス、l'architecture d'aujourd'hui 誌上などに発表）の螺旋（らせん）人工土地の提案と、鎖（くさり）状交通システムの提案、東京計画一九六五として研究中の線状住居地域の提案……など、これらのどれについても共通していえることは、これからの都市のあるべき原型を、それぞれの断面で発見することであった。

農村都市計画一九六〇では、土地を生産装置とする第一次産業の都市として農村をとらえ、それが第二次産業的な傾向を深め、その空間構造も都市の一部として編成されていく過程にあるという構想過程をとおして、生産の場と住宅の場との新しい構造づけをおこなったものである。

また丸の内再開発計画一九六〇でのコネクターの発見は、それぞれの建築が民間投資によって、きわめて偶発的に建築されていくという都市形成の過程をふまえて、それを拠点的な公共投資によって誘導していこうという、民間投資と公共投資の誘導システムの構造づけでもあり、情報産業空間にとって最も大切な情報処理能力を高めるために、道路と建築との間にタテの道路を装置化した建築（コネクター）を媒介させ、新しい道路と建築の構造づけをしようと試みたものである。

戸山ハイツ住宅団地計画一九六〇、東京計画一九六一は、どちらも将来の交通のありかたとしてマス・トランスポーテーション（大量輸送）と同時に、個人交通のもつ役割もまた大きくなるという構想過程を経て、自動車をドアー・ツー・ドアー（戸口から戸口へ）の乗物として使えるような都市の交通と建築の構造を捜し求めたものが、自動車廊下とか、らせん人工土地（ヘリックス）であった。

これらの提案に対して、建築家の描いた机上の夢であるという批判、実現性に欠けているという意見などが聞かれた。まさにその通りであって、原型都市の提案のもつ価値は、構想過程と構造過程の作業だという点にあるのであって、現実に事業化され、一つ一つの建築として造型される以前の機能の構造づけとして意義がある。だからこそ、それは机上の作業であるべきであり、そのまま実現できないからこそ重要な価値があるのだ。

もしすぐ実現できる、きわめて詳細な都市の設計図を一人の建築家がつくったからといって、なんの役に立つのだろう。それこそ、絵にかいたモチというべきではないのか。

東京のように既存の町と伝統がある都市はもちろんのこと、たとえ新しい土地を求めて新都市を建設する場合でも、一人の建築家がそのすべてを設計することは不可能だし、たとえ可能だとしても、それは意味のないことである。なぜなら、都市とは常に成長し、変化し、予期しない偶発的な要素をも含みながら、生きている新陳代謝プロセスそのものだといってもよいからである。特に資本主義社会では、都市の造型をきめていく一つ一つの建築、つまり都市構成の主要な要素は民間投資にあるのであって、それはすべて予測して、あらかじめ都市の最終的な設計図をつくることほどナンセンスなことはない。われわれのめざす都市設計の方法は、これらの将来の不確定な要素を余白として残しながらも、なおかつ都市の空間を論理だて、コントロールしていけるような方法なのである。

私の出席したチーム・テン会議（一九六二年、パリ郊外のロヨモンで開かれた、建築・都市計画に関する国際会議）で採択された討議の主要テーマが、都市における基本構造（インフラ・ストラクチャー）と、建築（エレメント）の関係であったのも、これからの都市設計のすすめかたとして、「都市の基本的な構造づけを発見し、それを将来とも比較的変わらないと考えられる都市構造の骨組として構成し、そこにとりついてくる個々の建築については、むしろ偶発的な要素として考えていこう」という方法が必要だとの立場をとっているからである。

イタリヤの建築家ジャン・カルロ・デ・カルロは、〝五線譜の方法〟と呼ぶ方法を提案したが、これもちょうど、音楽の作曲をする際の基本となる五線譜のような空間のルールを立体的にゾーニングし、そこを具体的にどのように造型するかについては、個々の建築を設計する建築家にまかせようというものであった。具体的な個々の建築の設計以前の段階として、都市空間を構造づけるという原型都市の設計が重要なのもこのような理由からなのである。

〈空間の序列〉

都市の設計でいくつかの断面から、都市空間のあるべき原型を発見することが重要であることはわかったとして、さてどのような具体的な手がかりがあるのだろうか。ここでふたたび、都市設計の三段階の作業の段階を思い起こしていただきたい。

a　構想過程

b　構造過程

c　造型過程

原型の発見、つまり原型都市の設計・構造過程の作業だとすると、原型を発見する手がかりは、まず構想過程にあることは明らかである。構想過程とは、都市の本質、ひいては文明の本質を洞察する作業であり、ビジョンを描くきわめてメタフィジカルな作業なのだが、その洞察が構造過程への手がかりとなるかどうかは、それがどのような都市空間の矛盾を明らかにしているかにかかっているといえよう。

私は、都市の調査・分析による構造過程への手がかりをないがしろにしているわけではないが、都市の調査がたちまち構造過程の手がかりとなり、いわゆる「傾向をのばす」というやりかたが科学的なのだとする方法論は、きわめて危険に満ちたものだと考えている。都市の調査・分析が、われわれに新しい視角を与えてくれるのは、それが空間の矛盾を明らかにするという認識で行なわれているときだけだといってよい。いいかえれば、それはきわめて主観的な調査の試行錯誤を経て得られる本質の洞察の場合であろう。

W・W・ロストウのいう経済の離陸・成熟の両段階を経て、都市は急激に機械化され、装置化されてきた。ル・コルビュジエを中心とする近代都市計画理論の定着は、まさにこの時代を背景としているのだが、その時代はまだまだ生活構造の時間的な変動、都市構造の成長・変化が、従来の地域の概念を崩壊させるほど激しいものではなかった。だから CIAM の集大成ともいわれるブラジルの新首都ブラジリアや、インドのパンジャブ州の首都シャンディガールのどちらの場合にも、そこには将来の都市の成長や変化に対する考慮がはらわれていないといってよい。

われわれが、現代の都市を新陳代謝する都市と名づけているように、われわれの生活構造・都市構造は、きわめてはやいスピードで成長変化をとげている。その変化・成長の実体にメスを入れ、それぞれの相の空間の変化のルールを知ることから、空間の序列を発見できないものであろうか。

〈都市の二つの顔〉

都市には、装置空間と生活空間とでもいうべき二つの相があるように考えられる。装置空間とは、人間が生活をするために必要な道具・装備・設備（水道・ガス・電気などのエネルギー設備から、自動車道路・下水処理施設にいたるまで）、そして第一次・第二次・第三次産業のための装置をいう。装置空間は、その時代の技術水準・エネルギーの水準の限界をきわめてきびしく反映するものであるから、その技術・エネルギーの水準が進歩することによって、またきわめて敏感に変化・交換される宿命にある。

家庭電化製品・自動車・飛行機などがはやいテンポで新型に交換されるのは当然のことながら、自動車高速道路・都市エネルギーの供給設備といったものも、新しい技術とエネルギーの段階に達し、ある日突然に使いものにならなくなるかもしれないのである。ところが、われわれは巨大なものは永遠の寿命をもつのだという奇妙な錯覚に陥っていることがないだろうか。これらの都市が情報産業都市の性格を深めていくにつれて、その都市構造は高い効率の情報処理能力と情報密度を求めて、コンパクトで巨大な情報装置を形成し、巨大な交通ネットワークを形成することになるだろう。

しかし、たとえそれが巨額な社会投資によってつくられた巨大な装置だからとしても、それが装置空間である以上、いつの日か突然使いものにならなくなる可能性をもっている。これに対して生活空間とは、人間が生活のために必要とする空間それ自体であって、その変化の要因は、きわめてメタフィジカルなものだといってよい。人間の精神生活は人類が地球上に二本足で立ったそのときに完成しており、原始時代と現代との違いがあるとすれば、それは物質生活の面においてではないかといわれている。たしかに人類の住空間をとってみてもわかるように、原始時代の住居と現代の住居では、装置の点でいちじるしい違いがありながらも、生活空間それ自体には本質的な違いがないといってもよい。

逆のいいかたをするならば、新陳代謝する現代の都市空間で人間の主体性をとりもどすためには、都市空間の序列を装置空間と生活空間とに明確に分離し、装置の変化に対して、生活空間が従属的に変化を余儀なくされるようなことのないよう秩序づけるということではないのだろうか。たとえば工業都市という概念は、産業革命以後、都市を生産のための場、あるいは施設としてとらえようとした代表的なものであって、労働者の住空間または地域住民の住空間は、装置空間であるところの工場地帯に従属する関係におかれていた。この根本原理は、現在進行中の新産業都市でも同様ではないのか。

各地で起きている公害問題を工場公害の問題としてとりあげる前に、工業都市という概念のもとに行なわれている装置空間と生活空間の秩序づけを再考してみる必要があるように思える。もう一度、都市とは人間の生活空間のためのものだという根本理念を確認する必要がある。

一九六二年のチーム・テン会議で、フランスの都市設計家キャンディリスは、トゥールーズ・ミレーユの都市設計案を提出したが、これは中央に、ちょうど木の幹のような歩道と、それに沿って配置される公共建築によって構成される都市の基本構造（インフラ・ストラクチャー）をつくり、自動車の道路は、周囲からこの地域にさしこまれる装置として考えようというものであった。ここで示された基本的な都市構造は、比較的変化の要因の弱い歩道と広場、つまり生活空間を幹として配置し、装置の時間的な成長・変化に対して、主体性を保てるような方法が、必ずしも東京のような大都市にそのままあてはまらないとはいえ、この提案の意義は大きな問題をなげかけているのではないだろうか。

空間の序列を考える際、さらに生活空間相互の序列および装置空間相互の序列についても、わけ入って追究する必要がありそうだ。ル・コルビュジエは、都市の機能、つまり生活のパターンを「住む」、「働く」、「レクリエイトする」という三つの基本要素に分けてとらえられえようとした。これを生活空間の横の序列と呼ぼう。私は、これからの生活空間の横の序列は、

a　住む空間

b　働く空間

c　あつまる（情報交換）空間

という三つの相に変質していくのではないかと考えている。

週六日を忙しく働いている現在、日曜日とは、横になってやっと一週間分の疲労をいやすか、さもなければ都市内の公園・映画館で気ばらし的に休養するのが精いっぱいであったが、近い将来週五日労働、さらに週四日労働までいくのではないかと考えられる。となると、もはやウィークエンドという概念もなくなって、第一の週（月火水木）と第二の週（金土日）という二つの週をもつことになる。人々は、町の映画館や公園で疲れをいやすという消極的な方法でなく、都市外へ積極的なセカンドライフを送りに出かけるにちがいない。それは、レクリエーションというよりはむしろ、れっきとした「住む」という行為であり、そのために、人々は第二週のためのセカンド・ハウスをもつようになるだろう。働くという行為のうち、肉体労働の役割は今後急激に機械におきかえられていき、労働そのものがレクリエーションであるようなものの比率がふえていくと思われる。

どちらにしても、ル・コルビュジエが抽出したレクリエイトするという都市機能は、しだいに住む・働くという機能の中へうまく融合していくのではないだろうか。横の序列のもう一つの空間は、情報交換のために集まる空間である。そもそも都市が成立したのは、狩猟民族が土に定着し農業によって生活しはじめたときからであった。

第一次産業のための装置としての都市が発生し、第二次産業のための装置としての工業都市が近代都市成立の基礎をつくった。これからの都市の成立基礎は、第三次産業のための装置を媒介とすることになろう。

第二次産業に従属的な立場で付着していた住空間が、ふたたび都市の本来の目的として主人の場に位置するようになると同時に、第一次・第二次産業は急激に都市から分離して、都市の出稼ぎ基地化されていくだろう。いままでは工業立地の推移は、原料立地型・労働力立地型・消費地立地型の段階をたどるものとされていた。そして、なるほど現在の工業立地の型は消費地立地型が多いといえる。

しかし将来、製品輸送のネットワークが完備し、しかも工場がコンビナート化されていくにつれて、工業立地の型は原料のあるところでコンビナートによって最終加工に近い状態にまでし、それを消費地に輸送するというパターンになっていくのではなかろうか。農業・漁業などの第一次産業でさえ今後コンビナート化し装置産業化して、都市の出稼ぎ基地として、もっとも適地を選択していくに違いない。この意味では、農業政策・漁業政策も離村をくいとめる保護政策から、むしろ効率の悪い不適地を切り捨てる積極的な政策へと切り替えられる時期だといえよう。

このような状況の中で都市はますます集中化していくだろうが、そのときでも情報産業を中心とする第三次産業は、その原料が情報であるために都市内にとどまることになり、都市は情報産業の装置としての側面を強く反映するようになるだろう。

生活空間の序列には、横の序列のほかに、①個人の空間、②家庭の空間、③グループの空間、という縦の序列がある。生活空間の縦の序列は、家庭の空間を主軸としながらも、しだいに個人の空間とグループの空間の比率を強めていく。家長を中心とする大家族の空間は、戦後一挙に夫婦中心の空間へと変質した。今後は家庭の空間は子供の教育の拠点として、個人空間と社会空間の媒介の役割を果たしていくけれども、夫婦でさえ個人空間に分離していくのではないだろうか。

従来、設備がきわめてポータブルなものになると、もはや人々は集まって住もうとせずに大自然の中に分散し、都市は消滅するという説もあるが、私は都市が成立する最大のモメントは、情報を交換し、フェイス・ツー・フェイスで接触したいという人間の根源的な欲望にあると考えている。そしてその集まりとは、固定的な地域社会を構成するものではなく、きわめて同好会的、職業的、あるいは宗教的なグループの多重構造としてしかとらえられなくなるだろう。

装置空間の序列は、その耐用年数にしたがって次の三段階に分けられる。

a　道具的空間
b　装備的空間（住宅の設備など）
c　装置的空間（都市の設備など）

これら相互間の結合のされかたが、耐用年数のサイクルと矛盾のないような序列をもつ必要がある。給排水管の補修のために道路をこわすという例などは、この序列が考えられていない一例であろう。

〈漢方療法〉

都市を再開発する場合、普通行なわれる手法としてスーパーブロックの手法というものがある。これは、いくつかの街区をまとめて一つの大きな街区として計画しようとするもので、小街区ではとることのできなかった効率のよい駐車スペース・広場などを確保できるという利点もあって、わが国でも最後の決め手のように考えられてきたが、最近、この手法に対するいくつかの疑問点が提起されている。

アメリカのニューヨークをはじめ、大都市の再開発に応用されたスーパーブロック手法、または最初からスーパーブロック方式で計画されたブラジルの新首都・ブラジリアなどを訪れて感じることなのだが、そこに形成された空間は、道路・広場・建築すべて超人間的スケールとなってしまっているため、物理的には「太陽・空間・緑」に満ちあふれてはいても、精神的にはきわめて人間疎外の感じを受ける結果となっている。また、それが既存市街地に囲まれた地域である場合には、周辺の市街地の空間のスケール、かたちと孤立する結果となっていることが多い。ちょうどそれは、西欧の外科手術で肺が悪ければ人工肺にとりかえ、心臓が悪ければ人工心臓ととりかえるというやりかたにも似ているのではないか。

これに対して、漢方療法の、はり・きゅう・あんま・マッサージにみられるように、人体の器官を除去するのではなく、それに刺激を与えることによって再生させようとする方法が、都市再開発の手法にも応用できるのではないだろうか。都市もまた生命体と同様に、過去とのつながりを断ち切って存在することはできないのである。

たとえば、スラム化しているといわれているような街区を調べてみると、装置空間はたしかに旧型で寿命がつきてしまっていても、生活空間そのものは十分豊かな場合が多い。ニューヨークのグリニッチ・ビレッジ、京都の西陣地域などはこの例である。このような場合、外科手術的に全体をきれいさっぱりとクリアランスして建てかえるというのではなく、現在の生活空間をそのままに保存しながら、そこへ新しい効率のよい設備のネットワークを挿入することによって再生させる方法があるのではないか。あるいはまた、歩道や広場を補ってやることによって再生させることができるのではないか。私が一九六二年に提案した西陣再開発計画は、新しい歩道網を現在の小路または通りと直角に挿入していくことによって地域を再生させようというものであったし、オランダの建築家ヴァン・アイクがアムステルダムの町角ごとに子どもの遊び場をつくり、それを次第に連絡することによってアムステルダムを再開発しようとしたのも、漢方療法的手法といえるかもしれない。

漢方療法的手法のもつ第二の利点は、民間投資の誘導効果である。アメリカのように巨大な組織と巨額な投資額にまかせて、都市を開発または再開発できる場合はともかくとして、わが国のような貧乏国では（たとえ貧乏でないとしても）、効率のよい公共投資の方法をより一層研究する必要がある。いいかえるならば、少額の公共投資で巨額の民間投資を誘導できるような手法を考える必要があるのではないだろうか。

スーパー・ブロック方式のように面的な開発効果をねらう前に、線的な、または点的な開発効果をねらう方法があってもよいのではないか。たとえば丸の内再開発計画で提案したように、点的な縦の道路（立体駐車場・階段・リフト・給排水衛生・暖冷房設備配管・機械室を含む）を公共事業として建設することによって、その周辺にその縦の道路を共有するようなかたちで、いくつかの民間投資による高層ビルを誘導すれば、それぞれのビルはそれぞれ異なる企業体の投資でありながら、それを縦の道路（アーバン・コネクター、すなわち媒体空間）によってその地域を有機化できるというわけである。

この手法は縦の道路を一挙に公共事業にしなくとも、まず、いくつかの企業体が共同して、その地域の再開発に取り組める条件を整備してやり、共有の縦の道路をつくっていけるように、駐車場整備法・都市計画法・建築基準法(容積地区制)の制度を検討することからでも実現可能であろう。

また、交通の混乱によって沈滞している地域が生活空間の質としては十分生きている場合には、区画整理や街路事業による拡幅またはクリアランスにもっていく前に、まずその路線の幅員のままで、その上部にさらに新しい道路を重ねるか、またはその混乱が人と車の混乱の場合には歩道を上部につくり、その刺激によって道路沿いの民間投資を誘発させ、コントロールできるように、道路法や道路交通法を再検討したらどうであろうか。

このような手法を、私は「拠点再開発方式」または「点刺激方式」と呼んで一九六二年のチーム・テン会議に提案し、かなりの反響があったが、この手法をわが国で具体化するためには、きわ

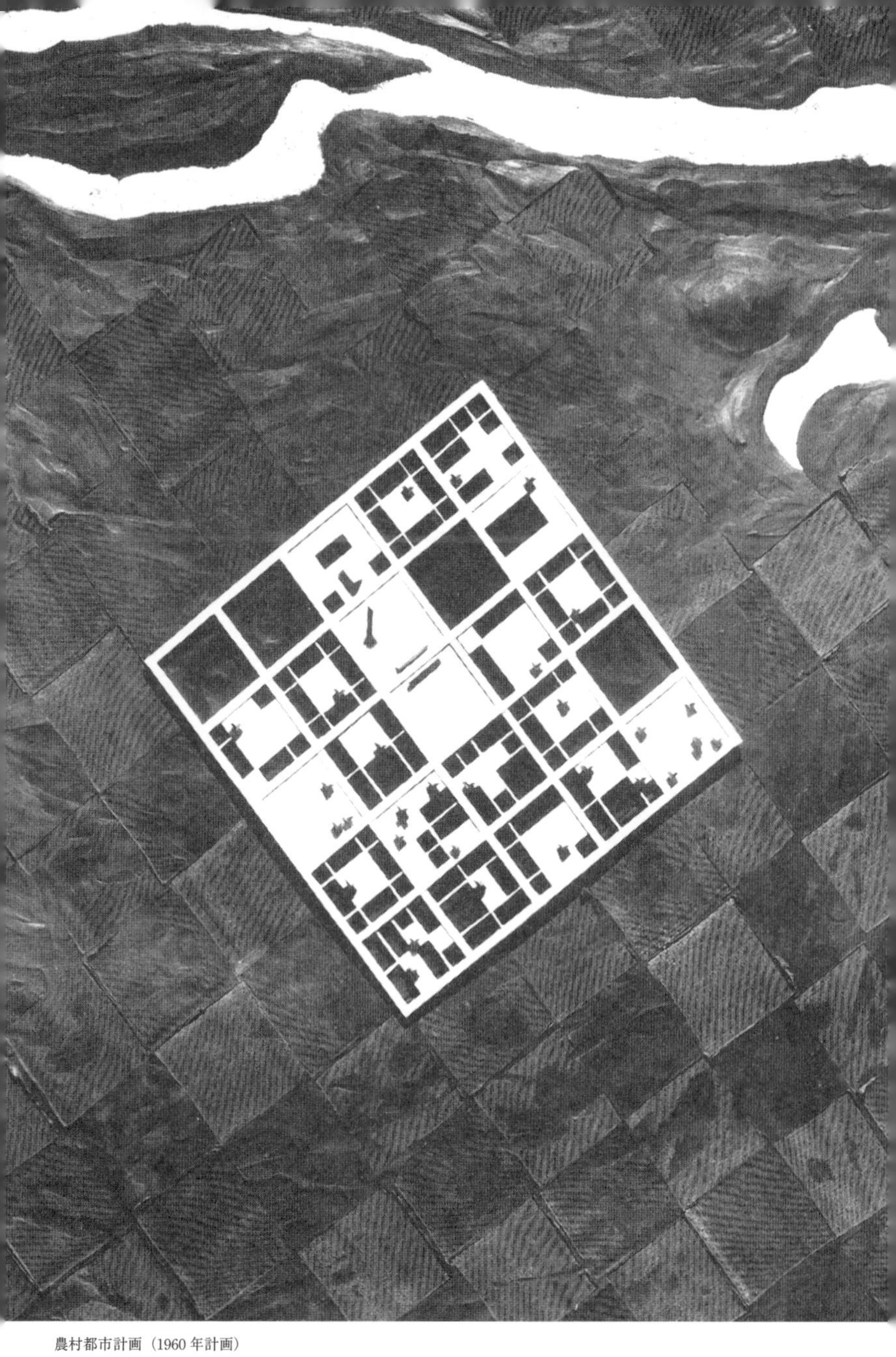

農村都市計画（1960 年計画）

東京計画 1961 Helix 計画

めて広範囲にわたる法律的な条件の整備が必要だと思われる。

いずれにしても、われわれが直面している都市設計の課題は、きわめて広範囲な社会開発の課題と直結するものであり、しかもその最大のポイントは、条件をかたちにおきかえる三次元的な手法にあることは間違いない。いままでの都市計画の概念をはみだしたところで問題を提起したのもそのためである。

都市設計の技術

＜コミュニケーション・システム＞

一　コミュニケーション・システムの基本的考え方

コミュニケーションという概念は、きわめて広汎で思想・感情をはじめ、熱・運動・エネルギーの伝達をも含んでいる。A・J・エイヤーの定義をかりれば、「情報が、伝達される手段、その過程全体、または情報そのものをコミュニケーション」とすることができる。この意味で、人間と人間との精神的情報の伝達から自動車、鉄道輸送、電信・電話までをコミュニケーションという概念でとらえることもできる。

あらためて文明史をひもとくまでもなく、コミュニケーションが人間社会を成立させてきたものであり、今後のコミュニケーションの発達と、そのシステムが大きくわれわれの社会構造、ひいては都市の構造を決定していくことは確かである。ラジオ・テレビが人間の社会的なつながり方、家族関係を変え、地域的な人間集団の関係から解放し、ゲマインシャフトからゲゼルシャフトへの移行に拍車をかけていることは明らかであるし、高速交通の発達は都市の構造をますます「開いた系」へと移行させている。

もう少し身近な問題は、自動車交通である。今から一五年も前の、ニューヨーク、サンフランシスコ、シカゴ、デトロイトでは、自動車と自動車のためのハイウェイが、都市を滅亡させるかも知れないと真剣に方策を討議していた。そして、自動車の圧倒的な流れに振りまわされながらも、とにかく新しい質のスケールとスピードに対応する都市への一歩を踏みだしているアメリカとヨーロッパの一部、彼等は新しい質の都市のコミュニケーションに追いまくられながらも、「都市へのエキスプレス・ハイウェイ、フリー・ウェイ、スーパー・ハイウェイの導入」「アーバン・エリアの再組織」という仕事と現実にとり組んできた。ちょうどそれは、これからわが国が直面して行くだろう現実でもあるに違いない。

しかし、アメリカがたどったと同じような方法を、日本の都市にそのまま適用することはできないだろう。それは、国や都市の性格の違いということばかりでなく、コミュニケーションのシステムそのものが常に進歩するものであり、変革されやすいものであるからだ。ある意味では一五年前のアメリカと同様な状態であるとしても、これからアメリカが打つ手と同じ手をうたなければならない。手の打ちかたが遅れれば遅れるほど、現実変革のエネルギーはばく大なものとなるだろう。

私は「メタボリズムの方法論」（近代建築一九六〇年一一月号）の中で、都市構造に考えられる、空間の社会的耐用年数のメタボリズム・サイクルについて述べた。今まで提案した新東京計画・垂直壁都市の中で考えていたことは、群としての自由性、人間としての個性を成立させながらも一つの都市体としての秩序を得るためのシステムであった。そして、その個性群のとまり木ともいうべき都市の骨組は、コミュニケーションのシステムであり、都市の中で長い耐用サイクルをもっとその当時は設定していたわけである。

コミュニケーション・システムは、都市の中に相矛盾して存在する、自由と秩序・個性と普遍性をつなぐ基本的な「コネクター」として考えられ、ある場合には、ほとんど決定的に都市の視覚構造を決めるだろう。しかし、都市の骨組となる「コミュニケーション・システム」すら、明確な新陳代謝サイクルを持つべきであると現在では考えている。これが後に述べる「サイクル・トランスポーテーション」の「単位性」の発想となった。

さて、さらに論をすすめる前に次のような分類をしておきたい。

(1) 精神的コミュニケーション

人間社会のあり方、人と人との精神伝達、個性、集団の意識、都市意識、民族的伝統の問題につながる。この場合、伝達される情報はメンタルなものである。

(2) 人間交通

自動車交通から徒歩交通まで、とにかく人間が足または足に代わるもので動くもので、この場合、伝達される情報は人間そのものである。これをさらに「マス・トランスポーテーション」と「プライベイト・トランスポーテーション」という質的に異なるものに分離することができる。

(3) エネルギー流動

エネルギー源または人間を除く物質の交通で、電気・ガス・石油・水・熱などのエネルギー源から、食料物資その他の間接的なエネルギーまでを含めた物質輸送で、この場合の伝達情報は広い意味のエネルギーである。

精神的な、コミュニケーションの問題を考える場合、「タテの結び目」と「ヨコの結び目」に注意しなくてはならないだろう。「タテの結び目」は、家族構造から民族の伝統の問題までを含む。メタボリズムの方法論の中で述べたように、家族構造の変化、すなわち家族の分解が、夫婦単位からさらに個人単位にまで進行するときの社会空間の変化は、本質的なものであるに違いない。

それはまず、フィジカルには分解した家族構造が、なんらかのコミュニケーション手段によって精神的なつながりを強くするという新しい質へと移行していくのではなかろうか。この社会構成単位の分解過程は、現代都市に作用する遠心力的傾向としてとらえることができ、古い意味での都市の核（求心核）を分裂させる原動力となっている。ヨーロッパの都市の核でさえ、年に数度の祭の場としてのコミュニケーションの結び目の役でしかない。そしてこれとは別に、人間の消費行為と個々のブラウン運動的なコミュニケーションの中で成立し得るような核（遠心核）が、無数に融合されつつある。これらは、ショッピング・ストリートの空間の連続的な流れの中に、あるいは住宅地域の断続的な空間の中にみられる。現代の社会の組織化・秩序化の方向の中で、この遠心的な空間は、個の主張と自由なふるまいを成立させる重要な役割をもっている。「ヨコの結び目」は人間集団のあり方として現われる。

コミュニケーションの範囲が狭く、しかも閉鎖系として成立していた時代の地域制社会（ゲマインシャフト）は、現代の激しいコミュニケーションの拡大によって、活動集団社会、あるいは利益社会集団へと変化した。個々の自由なふるまいを成立させながら、近代社会としての生産関係を成立させるような社会の組織こそ、われわれの求めるところであろう。そして、実は、フェイス・ツー・フェイスの「人間交通」の増加も、分解した社会の精神的コミュニケーションをとりもどすための方法なのだ。

二　「石ダタミ」から「サイクル・トランスポーテーション」へ

古代ローマの時代、戦車が石ダタミを走っていた。中世のヨーロッパの諸都市でも、石ダタミの上を馬車が走っていた。人々は馬車の上から、町のスカイラインとそのパースペクティヴを楽しんだ。たとえばパリにその例をとっても、幾何学的な放射状道路、ブールバール、それに沿う二〇〜三〇メートルの高さの建築群は、石ダタミの上を歩く人々と馬車で通る人々の群と共鳴していた。

わが国では、全国的な馬車通敷設が始まったのが一八七〇年であり、東京で馬車のためのアスファルト舗装が始まったのは、やっと一九二一年になってからである。なんと今から四六年前の話なのだ。そして現在東京をはじめ日本の都市は、やっと馬車のための道路ができたところだといってよい。ところが現在、東京だけで五八万台の自動車が（全国で二五〇万台）走り出したわけだ。しかも、四〇年後には四、〇〇〇万台の自動車が日本中に走り回るという（現在アメリカでは乗用車だけで六、〇〇〇万台）。

速度についても、一九二五年ごろ 35 km/h が限度だったのが、現在では 100 km/h（ただし東京都内では平均速度 20 km/h 程度）、そして 300 km/h までは今の自動車の進歩によって可能であるといわれる。自動車というのは、実は馬の代わりにモーターが動くというものではなく、馬車のために作った道路を走れるものでもないのだ。

前にも述べたように、アメリカではハイ・ウェイ、スーパー・ハイウェイ、エキスプレス・ハイウェイ、フリーウェイなど自動車専用の道路を建設した。しかし、馬車道をコンクリート舗装して空中にもち上げただけでは、本質的な解決とはなり得ない感がある。それは今までの「石ダタミ」の面を離れたと同時に、建築からも遊離してしまった。

われわれは、自動車のための道路を作るのではなくて、自動車のための施設を作らねばならない。「人が動くための建築」を作るのだ。そのとき初めて、都市は馬車と石ダタミに別れを告げて新しい空間を獲得するだろう。ここで、今の道路と自動車の組み合わせがいかに無意味かを説明する二・三の事実を述べよう。

自動車が走る場合、その速度によって前の車との間隔をあけなくてはならない。この車間距離の算定式にはいろいろあり、A. H. Johnson 式、Grcevs Field 式、A. A. S. H. O 式などがあるが、ここではアメリカの道路公団に当たる A. A. S. H. O の算定式によると、

$$L=0.19v+6 \qquad v=\text{km/h}, \qquad L=\text{m}$$

たとえば、100 km/h の車間距離は二五メートルを必要とするわけになる。そこで、一時間に通る車の数（＝一車線当たりの断面交通量）は、

$$C=\frac{0.19v+6}{100v} \qquad v=\text{km/h}$$

となる。この関数は漸近線をもっており、それは C＝5,263 の値をとる。すなわち、自動車の速度が無限に速くなっても、一車線当たりの断面交通量が五、二六三台を越えることがないことが理論上でいえる。時速 100 km/h のときの容量 4,000 台に対して、速度を二倍に高めて 200 km/h にしても、容量の増加はただの五四五台にすぎない。

もう一つの問題は、インターチェンジの処理である。道路の交通容量は、速度増加よりも車線の増加の方が効果があることが上のことからわかるわけだが、現在のハイウェイのインターチェンジのシステム（クローバー式、ラッパ式等々）では、車線の数が三～四車線（一方向）を越えること

は困難で、そこがネックとなっている。

さらに重要なことは、自動車と建築の関係、すなわち自動車道路と建築および都市の単位地域との結びつきかたである。自動車道が専用として建設されるようになると、市街はいたるところで寸断される。そこで

(1) 新しいスケールの導入

(2) 高速で動きながら感ずる新しい視角の設定

(3) 建築と交通の新しい連結の方法

の点から根本的に問題を掘り起こす必要がある。

(1)の点は、まず今までの建築のスケールと土木的なスケールとのかかわり合いとなり、さらにインター・チェンジの場所では、高速から緩速へのスピードの変換が重要な問題になる。こういった場合に、その「なかだち」として「コネクター空間」を考えようというのが私のいう「コネクターの理論」であるが、高速自動車道と市街地の場合、コネクターはランプなどによるスピード変調施設、パーキング、ガレージ、さらには他の交通手段（マス・トランスポーテーションなど）との中継施設でもある。

生体の神経系統においてニューロンが果たしている役割のように、コミュニケーションにおける情報流の結節点（コネクター）は、スケール・スピード・交通量・交通質の変調・中継を行なうことによって、都市全体のコミュニケーション・システムの中で「フィード・バック」操作の役割を

果たすのである。

(2)の点は、都市に導入される新しい視角である。高速度道路を走ってみると、ネオンと屋上突出物で構成された奇妙な都市空間を発見することができるが、さらに多層式のハイウェイが出来るようになれば、一五～二〇メートルの高さが都市空間を感ずる新しいレベルになるかも知れない。このレベルは 100 km/h で動く視点であり、地上は 4 km/h で動く視点の空間である。その差が、都市のメジャー・フレームとマイナー・フレームの指標になるだろうし、その間の空間の秩序づけが必要になる。

(3)の点は、大きく分けて二つの問題を含んでいる。一つは終点という概念をもつ道路の矛盾であり、他の一つは都市の開発単位と道路システムのかみ合いである。

そもそも道路というものは、ある目的のためにA点とB点を結び、AからBへの情報と、BからAへの情報を最短距離で結ぶことから出発している。そこで上り下りの車線を左右に分けた直線道路によって網目が作られていくわけだが、それが直線である以上、終点での情報処理は「定常」ではないし、さらに上り下り車線を含む交差点の処理は複雑になる。

そこで、終点のない定常流としてサイクル・トランスポーテーションが考えられる。すなわちA点からB点を結ぶのに、大きな一つの環状の糸をねじって連続した鎖状にする方法で一方交通、しかも交差点では同方向の流れ、交通流としては終点のない無限運動を可能にするものである。このシステムは「垂直壁都市」の連続する環状無限運動によるコミュニケーション・システムから発展し、「メタボリズムの方法論」(近代建築一九六〇年一一月)の中で提案したものであるが、丹下研究室の「東京計画一九六〇」において、都市軸の交通システムとして提案された。

また、このサイクル・トランスポーテーションは、スーパー・ハイウェイとしてだけではなく、連続する住クラスターにおけるバス交通系統、高速度鉄道網、コンベアー・システムなどに広く利用され得るであろう。

次に、開発単位と道路システムとの関係については、クラスター・システムとのからみ合わせが考えられる。国際建築一月号(一九六〇年)の「インドの都市計画」で指摘したように、クラスターを鎖状につなぐシステム(これをチェーン・クラスターと名付けた)、はもっと評価されてよい。そしてこのチェーン・クラスター・システムは、サイクルトランスポーテーションと組み合わせることによって、一つの新しい都市の秩序を得ることになる。

サイクル・トランスポーテーションの結節点(コネクター・スペース)は、ランプ処理によって速度変調と中継の役目を果たし、この点にはクラスターからフィンガーが延びてきて、クラスターの内のパーキング・ガレージと有機的・連続的なつながりを持つこともできるだろうし、貨物その他エネルギーや物資のためのフィンガーも設けることができる。

さらに交通システムにおける単位完結性も重要なことである。常に未完の状態のままで次の動的平衡へと新陳代謝する都市において、道路システムも単位性をもち、部分完成の状態でも使えるような完結性をもつ必要がある。ループを一つずつふやすごとに、その範囲内で定常的に完結することが、サイクル・トランスポーテーションのもう一つの特色となるに違いない。

三　エネルギー流動における「二進法システム」

コミュニケーション・システムには、精神的コミュニケーション、人間交通、エネルギー流動があると述べたが、サイクル・トランスポーテーションは、人間交通にもエネルギー流動にも用いられるシステムである。人間交通を別の面から分けると、人間判断を許す交通とオートメーション交通になる。

将来、都市における人間のモビリティが増大すればするほど、ひとりひとりが自動車に乗ってそれぞれの判断によって走っている状態は、かなりの部分マス・トランスポーテーションに置き換えられて行くに違いない。このマス・トランスポーテーションは、始発・中継・連繋点のプログラムをもつオートメーション交通として考えられる。しかし、一方で都市内の個人の自由なブラウン運動もまた、急速に増加するであろう。

そこで、将来の都市には人間交通の二つの網目が準備される。一つはサイクルトランスポーテーションまたはオートメーション交通として秩序づけられるもの、もう一つは自由な個人の動きに対応する迷路的網目である。この二つは、社会の秩序と自由を空間的に浮き上がらせるに違いない。「メタボリズムの方法論」として提案した垂直壁都市・新東京計画・丸の内業務地区再開発計画で示したように、大都市の全体の視覚的骨組として秩序づけ得るのは前者であり、これに支えられて個の自由な動きが可能になる。

ベルリン計画のスミッソンの提案には、道路と建築との結びつき、ペデストリアンと自動車の分離が含まれているが、秩序化できるものと秩序化できないものとの関係があいまいである。これに対して、将来、物資エネルギーは、オートマティック・コントロールが可能な回路化されたシステムに切り換えられていくだろう。

この場合に考えられるのが二進法システムである。これは、電子計算機などサイバネティックスに用いられているもので、二者選択的方法とも呼び得るだろう。この「イエス・ノー」によるシステムには、情報の理論（エントロピーの理論が確率の理論として適用される）が適用できるところから、複雑な回路が能率的にコントロールされ得る。これは人間の神経系統の生理学的過程や、記憶その他の脳の機能の二進法とも比較できよう。

エネルギー流動の形態には、トラック・貨車などを必要とするもの（石炭・食料などのような主として固体の場合）、導管としてのパイプによるもの（たとえば石油・ガスなどのような液体・気体の場合）、その他のもの（電気における電線など）の方式があるわけだ。二進法システムは主として、固体物資エネルギーを、オートマティック・コントロールでさばく場合に用いられるだろう。また、たとえ人間が運転する段階の交通システムにしても二進法システム（たとえば三差路や直進禁止システムなど）は簡単な信号によるコントロールを可能にするだろう。

将来の一次エネルギー需要において、石油の占める割合は非常に大きいといわれる。現在わが国の総エネルギー需要は約一億トン（石炭換算）であり、二〇年後にはほぼ四倍の四億トンになると予想されている。これを構成比でみると昭和三二年で石炭四三％、水力電気二九％、石油二一％であるが、二〇年後には、石炭二二・六％、水力電気一七・七％、石油五六・六％、と変化することになる。石炭の占める位置は低くなり、さらに加圧流動ガス化や地下ガス化方式により二次エネルギーとして気体化されることになると、パイプによるシステムがかなり大きな比重を占めるかも知れない。

水力電気については、わが国の包蔵水力である一、三〇〇億kWhのうち現在すでに二分の一が開発されており、将来は重油による火力発電に重点がおかれるだろう。そして水・火力合計の送電供給力は、二〇年後には現在の七七九億kWhから三、六九三億kWhになると推定されている。石油については最近、中近東・北アフリカ・ソ連などで大規模な開発が進んでおり、海外から日本までの輸送費を考慮しても、将来一〇〇％輸入によると推定されている。

三四年度の原油輸入量は約二、〇〇〇万キロリットルで、二〇年後には一〇倍の二億キロリットルになるとして、一番問題にされているのはこの場合に必要な調整池としての原油タンク（二、六〇〇万キロリットルの容量を必要とする）である。そこで、将来とも頭打ちで五、〇〇〇万トンにとどまる石炭の場合を除き、エネルギープラントは、火力発電の場合でも石油の場合でも、海岸線ないしは海上海中がその立地条件を満たすことになるだろう。

これは重油による火力発電の際、大量に必要な冷却水としてコンデンサーに海水を使えるし、送電の手間とロスをはぶいて海岸線の都市域に配置できることと、原油タンクには海中に浮かべる方式による方法が合理的であり、海外からの輸送が海上または海中輸送であるからだ。そこで、エネルギー流動の将来の基本的なシステムは、海岸線に置かれるプラントと、調整タンク（コネクターに当たるもの）、そこから供給されるパイピング・システム、そして陸上交通として残る二進法システムとなるだろう。

〈都市生活と回路〉

都市の交通混乱は実は道路計画の問題ではなく、都市という一つの人間集団が、その情報系としてのコミュニケーションの回路といかなるかかわり合いをもつかという根本的な問題である。メタボリズムの概念は都市の構造が将来、生命構造の *n* 次近似の機能と構造をもつという主張を基本としているものであり、それ故に、その進化過程をエントロピー増大の法則によって整理できると述べた。この概念は将来の都市の情報系の「メタボリズム的展開」にさらに重要になる。

都市生活の情報系におけるエントロピーの増大とは、一体どういうことなのだろうか。都市の交通手段が、歩くことから馬車へ、自動車へ、飛行機へと進歩するにしたがって、人間の生活範囲は極度に広がり、さらにラジオ・電話・テレビによって精神的なコミュニケーションの範囲も拡大した。この両者は、常に相補う形で進行していく。

精神的なコミュニケーションが広がれば広がるほど、人々の認識の範囲は広がる。しかも伝達の方法が古代ギリシャのアゴラ、中世の会堂・広場における集団単位・群単位のものより、テレビ・ラジオによる家族単位へ、そしてさらに、ポータブルTV、ポータブルラジオによる個人単位へと変化すると、認識の範囲が広がるにつれて拡大される活動の仕方も、集団としての行動パターンだけでなく個々の多様なブラウン運動を含む。

都市の規模が大きくなり、機能が複雑になるにつれて、大量交通（マス・トランスポーテーション）をはじめ、組織化されたコミュニケーションのシステムが出現する。すなわち個々のブラウン運動は、マス・トランスポーテーションに吸収されるようにみえるがこれを都市の全体系としてとらえると、必ず都市に導入された組織化、秩序ある回路を仲だちとして、個人のブラウン運動は一層激しくなっているのである。いいかえれば、人間はますます多様な動き、選択と自由の可能性を求め、それを成立させる骨格や回路を導入するのである。

これは、理想気体中のn個のエネルギー状態が範囲qの間に分布しているときのエントロピー式

$$H \fallingdotseq K\sum_{k=1}^{q} n_k \log_e n_k$$

によってもわかるように、ブラウン運動をする都市の人口が増加し、その運動の範囲が増加すればするほど「判別のより容易な状態から容易でない状態への移行」という意味において、エントロピーは増大しているのである。われわれは次のことを確認しなければならない。

(1)　都市のコミュニケーションには、精神的コミュニケーション、人間交通、エネルギー流動があ

り、別のいい方をすれば生活の系と情報の系がある。

この二つは生物学における「寄生=Parasitism」の状態でかかわり合うものだと考えてよい。

(2) エントロピー増大のプロセスは、情報系についてもいえる。すなわち、一方で都市の中に秩序ある情報系（=回路）を導入するのは他方で、個々の多様なブラウン運動を可能にするためである。いいかえれば、都市内には二つの情報系の網の目が形成される。一つは回路をなす系でコントロール・トランスポーテーションやマス・トランスポーテーションであり、もう一つは多種多様な選択と自由に対応する緩速自動車交通や歩道などである。

〈都市交通の将来〉

現在の都市は自動車の都市である。自動車がまだ量的に少なかった時代、それはあたかも馬車に代わる便利な乗り物として人々に用いられたし、都市もそれを容易に受け入れることができた。ところがその量が増えるにつれて、そのエネルギーは都市を変革するまでになった。自動車は馬車ではなかったのである。自動車の増加が都市再開発の最大のモーメントになっていることは、東京をみても明らかであろう。といって、将来にも自動車は都市の花形であろうか。

自動車交通に問題があることは前にも述べた。それは、速度をいくら増しても断面交通量に限界があることと、高速走行から、速度・方向変換・停車・駐車までの間に、時間的・空間的なネックがあって、連続的に量をさばきにくいことであった。これに加えて、もう一つの問題点は自動車の

占有するスペースである。一人の人間が自動車で家庭から仕事場まで行く場合に占有するスペースを計算すると、

住 空 間　二〇〜三〇平方メートル・グロス
動く空間　一〇〇平方メートル（100 km/h で走るとして）
駐車空間　六〇平方メートル（家庭と仕事場でそれぞれ三〇平方メートル）
仕事空間　一〇〜三〇平方メートル・グロス

を必要とする。このうち駐車空間については、原則として家庭と仕事場のいずれかは無駄になっている。

所得倍増計画を例にとると、一〇年間に住宅の純増五五〇万戸（建設要戸数一、〇〇〇万戸）、そのうち行政投資による戸数を一一〇万戸（用地費を含めて一兆三、〇〇〇億円）としている。一方、わが国自動車保有台数は、将来四、〇〇〇万台と言われている。たとえば今一〇年後に一家族一台の自動車を保有したとすると、その住居部内駐車スペースだけで 1,000 万戸 × 30m² ≒ 3万ヘクタールとなり、所得倍増計画期間中に新たに新市街地として造成される一〇万ヘクタールの三分の一にも達するスペースを、新たに獲得しなければならない。

仕事場スペースについていえば、将来、市街地が高層化されコンパクトになれば、当然、容積率は大きくなる。現在の丸の内の地区と同じ四〇〇％（net）になるとして、一人当たりのオフィスグロス床面積三〇平方メートル、二人に一人が自動車通勤、他はマス・トランスポーテーションによ

るとして（ただし、A＝敷地面積）、

$$A\times\frac{400}{100}\times\frac{1}{2}\times\frac{30}{30}=2A$$

敷地の二倍の駐車空間を必要とする。大ざっぱにいって、自動車一台について実に一、〇〇〇〜二、〇〇〇万円の都市設備費を要するというわけだ。

将来の都市コミュニケーションにおけるブラウン運動の必要なことは確かであるが、これに現在の自動車の形態や性能が適しているかどうかは疑問がある。もう一つの問題点は混合交通である。車種（貨物、乗用車、オートバイ、バスなど）、目的（物資輸送、人間交通）、運動の種類（マス・トランスポーテーション、ブラウン運動）がすべて同一の場で行われている状態が、まず改められねばならない。

世の中には自動車全廃論もあるけれども、現代人から自動車を奪うことは、もはや不可能であろう。そこで、

(1) 自動車の性能改良
(2) レクリエーション、緩速交通としての用途の切換え
(3) 車種・用途・運動の違いによって回路のシステムが変えられること
(4) 新しいパーキングスペースとしてのスリバチ型、逆スリバチ型、helix 構造型の開発
(5) 新しい回路システムとしてのサイクルトランスポーテーション、二進法、helix トランスポー

テーションの導入

(6) 他のマス交通手段の開発と併用、VTOL（垂直離着陸飛行機）、ヘリコプターの導入

自動車に振りまわされた交通対策から視野を一段と高めて、将来の都市の全体系の中で、自動車のもっている役割とその将来を考えねばならない。将来、空の交通が進歩すれば、今まで地表面付近にあった建築へのアプローチの外に、空からのアプローチが加わる。空からの都市の設計は一層重要になるだろうし、建築内部の情報系のパターンも変革されるだろう。

ル・コルビュジエは、一九四七年の彼の著作「輝く都市」の中で次のように述べている。

「……自然の速度（人間の歩道）と機械の速度（自動車・バス・市内電車・自転車・オートバイなど）との混乱を、適当な分類整理によってなくすことである。それに伴って生じてくることは、交通路の外に駐車場を設けることである……」

コルビュジエの時代、自動車は人間生活の外部条件としての機械であった。ところがわれわれの時代に、自動車は高速で動くための人間の着物なのだ。自動車を機械扱いしてやっかいものにするのではなく、自動車にのっている「人間」も大切にしなくてはならない。動いている自動車、それは動いている人間なのである。

人間を自動車交通から切りはなし、レベルを分けること、これはコルビュジエの三〇〇万人の都市をはじめ、あらゆる建築家たちが「輝ける都市」へのアプローチとして唱えてきたことだった。そして今、この方法の限界は明瞭になってきたようだ。それは

人間の溜り
人間の歩道
自動車の溜り
自動車の歩道（緩速自動車道）
コントロール・パーキング
コントロール・自動車道
コントロール・マス・トランスポーテーション
コントロール・エネルギー・システム

という、都市回路の全体系の中では一断面にしかすぎない。コルビュジエのいう「人間の速度と機械の速度」という分離方法ばかりでなく、「人間の判断を許す交通と制御される交通」という分離方法も重要視されねばならない。

ル・コルビュジエは、「生物学は、建築の平面や断面を支配し、容積を整理し、種々の機能を可能ならしめる。生物学は、柔軟な調和ある循環をもたらしてくれる……建築の分野を表わすものは、有用な目的のために集められた諸要素であって、それらの要素は、自然の有機体におけると同じように、お互いに緊密な関係にある機関なのである」という。ライトは、有機的な空間・有機的な都市にアプローチすることによって、自然の中の調和を求めた。私は、そもそも自然とか生物は、予定調和をもっているとは考えない。

コルビュジエの夢は「輝く都市」であった。われわれの夢は「動き、輝く都市」である。それ故に私は、生体の新陳代謝するミクロな現象のメカニズムから、都市のコミュニケーションの手がかりが得られると信じている。都市は、多様で不調和な要素の動的均衡の状態として進化していくのだ。今まで提案してきた

サイクル・トランスポーテーション（連鎖交通）

二進法システム（二進法交通）

ヘリックス・トランスポーテーション（らせん交通）

を、次に生体のコミュニケーションシステムと比較してみる。

一　サイクル・トランスポーテーション（鎖状交通または連鎖交通）

これは細胞連結体における鎖状連結にみることができる。連結のされかたをみると、密接するもの、コネクター（連結杆）にあたる突起・膠質物で結ばれるもの、互いに独立しながらずれ合って重なり連結するものなどがある。これはコネクター部分についても同じことがいえるのであって、ベルトコンベア、モノレールでは密接連結、自動車道のフィンガー（駐車用・直交道路用）や、モノレールで中央に駅をはさむ場合は突起・膠質連結、自動車道で単純連結は重ね合わせるシステムである。

このシステムは、新陳代謝する生命体の生々流転と永劫回帰に相当する運動の様式をもっている。

つまり、情報がある点から他の点へ流れている場合でも、その一細胞単位内（サイクル・トランスポーテーションの一つのループ）では定常的な回帰運動になっているという。

二　二進法交通

生体の神経系統、植物の分枝または電子計算機をはじめ、サイバネティックスにおいても計量できることと、制御しやすいシステムであるという点で重視される。たとえば、現在の四つ角交差点をすべて廃止して、すべて二進法交差（直進禁止法）にすることが考えられる（低速自動車交通の場合）。その場合の二進法交通情報量は、

$$I = n\log^2 S \qquad \text{ただし、} S=2,\ n=\text{交差の数}$$

で、サイバネティックスと同様ビットで計量できる。

三　ヘリックス・トランスポーテーション（らせん交通）

現在の生化学の分野では、生体におけるコミュニケーションは、主要な過程としてＤＮＡ（デオキシリボ核酸↓ＲＮＡ（リボ酸）↓蛋白質）という経路で、情報伝達が行なわれているといわれている。この核酸分子は、WATSON, CRICK がX線解析した結果のモデルによると、helix 構造と呼ばれるらせん状の空間構造によって連絡している。

このらせん交通は、将来、主として都市の垂直交通として出現すると思われるが、平面交通と垂直交通のかみ合わせに役立つと思われるし、ベルトコンベアに用いれば水平交通と垂直交通を同時に解決できるし、helix 構造の建築や、自走式立体駐車場も考えられる。また、サイクル・トランスポーテーション（連鎖交通）と helix 交通（らせん交通）を組み合わせて高密度な都市構造を構成することが可能である。

＜都市単位＞

都市は、大なり小なり一つの骨格をもっている。古代ギリシャの広場は、町の核であり、骨格であった。そこでは人々が会い、目と目、口と口でコミュニケートできる広がりが成立していた。都市が成長するにつれてその広がりも大きくなっていったが、中世の都市にみられるように、やはり広場と教会を中心とする核が都市コミュニケーションを成立させるものであり、そこへ集中する幾何学的な放射状のパターンは、それらの都市の建築空間構成の決め手になっていた。

この手法は、道路のパターンが放射状であるかないかは別として、多かれ少なかれ、現在の都市計画の中にもみられる。ル・コルビュジエのシャンディガールや、ルチオ・コスタのブラジリアでは、公共核と商業都心を分けているけれども、都心のありかたは、やはり中世の都市骨格からの流れをくみとることができる。

一方では、ニューヨーク、ロンドン、東京などの都市は、古い時代のぬけがらに集中する一、〇〇〇万人にもおよぶ人口をかかえて、いまや窒息寸前の姿を呈している。都市は、コミュニケーションの発達と共に、その構造を拡大した。しかも、流動する生活という、都市生活の変革が一方で進行している。

一つの地域が、その精神的な社会単位と一致していた地域制社会と呼ばれる社会構造は、コミュニケーションの発達によってくずれていく。都市生活の内容は、狭い範囲内から人々を解放して新しい関係をつくりつつある。古代ギリシャのアゴラは数万人の人口の中で成立していたものであるし、中世の都市は数万〜一〇数万の中で成立していたものなのだ。

コミュニケーションの発達は、都市のスケールをますます大きく拡大し、スケールの拡大は都市構造の変身をせまる。地域制社会の「閉じた都市」は、職域制社会・活動集団社会におけるような、動きの多い社会へと移行している。人々は、もはや限られた一つのコミュニティーにとどまることはない。浮遊する人々が、現代都市の主人公なのである。

都市は、当然「開いた都市」へ移行していく。一つの都市は他の地域や都市との関係の中でこそ、その実体が明らかになるのである。都市は浮遊し、国全体のアーバン・システムが形成されるだろう。

そこでわれわれは、都市というよりは都市単位（定住単位）という概念を持つ必要があるのではないだろうか。大都市は、その周辺地域との関係なしでは論じられないことは当然であるが、むしろ直接に他の都市と関係をもち、影響を与える。たとえば、わが国の太平洋沿岸の大・中都市は、以前のようにそれらを中心とする都市圏を考えるというよりは、それらを強力につなぐ交通・輸送のシステムに注目すべきであろう。経済審議会の産業立地分科会の報告書中には、「太平洋沿岸ベルト」という言葉を用いているが、将来、都市の発展は、都市問題を結ぶ線的な都市域として、強力な交通系統と共に計画される可能性がある。

生活構造の変化が、大都市への人口集中の傾向をさらに強め、都市構造の質的変換を呼び起こさずにはおかない。

都市単位の概念は、小規模な都市から大都市までという「スケール」の概念とは無関係であると考える。一つの都市をとってみた場合、観光都市でありながら工業都市的な要素もあり、消費都市でもあるといったものから、東京のように、首府であり、消費都市であり、工業都市である場合もある。また農業都市内に近代的な工業地帯が誘致された場合は、奇妙な断絶の中に町ができていく。

こうした都市の性格のあいまいさは、いままでの都市の成り立ちからは当然であった。工業は労働力を求めて地方都市に進出し、あるいは大都市と首府の重複した東京には、その経済的・政治的優位性を求めてあらゆる機能が集中し、当然人口も激しく集中した。

しかし、時代は転換しはじめたのだ。重工業・石油化学工業にみられるように、工業はコンビナートとして形成されるようになってきた。しかも、そこに働く直接労働者は数人／一、〇〇〇坪～数人／一万坪という、きわめて少人数でまかなわれる。この工場のオートメーション化は、さらにますます進行するだろう。間接労働者や事務労働者は、その工場のヘッドクォーターのある大都市に住むことになり、誘致したその地方都市の構造とは、以前ほど密接にはかみ合わないようになりつつある。

地方都市とその工業地帯というばく然とした考えかたではなく、既存の都市単位と新しく導入される工業都市単位との関係で、ドライにその姿を浮きぼりにしていく必要がある。逆にいえば、空間的には離れた都市単位間（たとえば、既存都市単位と工業都市単位）を高速鉄道や通信でつなぎ、有機的な都市活動をもつことができるようになったのである。

また、今までの地方都市での生活は、その地方都市周辺内で閉じた生活圏を形成していたのであるが、今では土曜・日曜日ともなれば、大都市までレクリエーションに出掛けるというふうに、農村といえどもきわめて都市的な生活のサイクルを経験している。つまり農業都市では、働く空間と住む空間は密着していても、レクリエーション生活は今までの地方中心施設からはなれて、大都市のレクリエーション単位と結びついている。

大都市についていえば、将来、都市生活の中にレクリエーションの時間がふえてくると、二日単位、三日単位のレクリエーションが一般的になり、都市の中に導入されていたまやかしの自然的要素・田園的要素ではあきたらず、都市外へ流出する。そして大都市からかなり離れた河・山・海にたレクリエーション都市単位が創られる可能性がある。都市はコンパクトになると同時に、遠く離れたレクリエーション都市単位と密接に連がることになる。都市周辺で有害なガスをまきちらしていた工業地帯も、もはや都市に密着する必要はなくなり、工業都市単位として、または工業都市単位群として計画され、そのエネルギー供給関係は強力な輸送システムによって完全なものとなる。

東京の問題は、大都市の問題と首府の問題とがからみ合っている。東京といえば首府であり、首府といえば東京であるというばく然とした考え方からは、東京の本質は出てこない。首府とは首府都市単位であり、国家の行政機関と、それに付属する必要最小限のものをいう。東京はさらに、これとは別に消費都市としての生活構造をもつ。空間的には、首府都市単位はそれのみで独立して存在することもできるが時間的には同一領域として結ばれる必要がある。

丹下研究室で提案した東京計画は、都心軸としての強力な交通システム（サイクル・トランスポーテーション・システムを採用した）で、海上の首府都市単位と旧都市単位とを結ぶという構想から出発した。富士山ろくの首都建設構想も、強力な都市単位間を連ぐシステムがあれば同じ構想といえよう。

レクリエーション都市の出現は、そこに住みながら、コンパクトな労働空間へ通勤するという「レクリエーション・リビング」という生活の仕方をも出現させる可能性があると同時に、都市のコンパクトな空間では、働く空間と住む空間が隣合い、重なり合って計画され、まとまった時間をレクリエーション都市で暮らすという生活パターンも考えられる。働く空間にも、オートメーション化されたコンパクトな空間と同時に、それと対比的な「レクリエーション・ワーキング」のスペースが必要となるだろう。

都市は、新しい機能を求めて崩壊しつつある。このときこそ、新しい質の都市空間を創造しなくてはならない。

〈立　体　化〉

バベルの塔から、コルビュジエの三〇〇万人の都市計画、そしてCIAMの原理に至るまで、高層化される都市空間の性格は、新しい建設技術の発展と新しい生活の内容に対応しつつ変化をなしてきた。そのひとつの凝縮点として、インドのシャンディガールと、ブラジルのブラジリアがあげられる。コルビュジエのシャンディガールより、むしろルチオ・コスタとニーマイヤーによるブラジリアの方が、CIAMの原理に忠実な近代都市計画のひとつの到達点を示している。

高層による自由な空間の獲得
ピロティによる住空間の構成
自動車とペデストリアンの分離

などの計画のテクニックは、たしかに忠実に用いられている。しかし忠実であればあるほどCIAMの原理の限界も明らかになったといえるような気がする。

その限界のもっとも重大なものは、

(1) コルビュジエのいう自由な空間、つまり高層化された建築の外周の空間が、本質的に自由であるかどうかということ

(2) 現代の交通手段、とくに自動車を中心とする交通の流れが、高層化される建築との結節点（ピ

ロティをもふくめた処理の方法）で処理され得るかどうかということである。自由な空間それはあくまで自然であり、太陽と緑のある人間のための空間であったはずである。

ところが、自由な空間をまっさきに侵しはじめたのは、ほかでもない自動車であった。道路の幅は、太陽と緑を求める人間の要求というよりは、むしろスピードを必要とする自動車が要求するようになる。道路の両側にならべられた高層建築群は、いっそう孤立化し、自動車の流れによって機能的にも空間的にも切断されてしまった。

ニューヨークのマンハッタンの道路は、決して自動車だけの道路とはいえない。そこでは自動車も謙虚に人に道をゆずり、人も車もサインによって流れている。これにくらべるとブラジリアの中央道（二〇〇メートルに近い道路幅）は、その両側に対称的に並列する各省の建物をふたつに切断し、まさに自動車のための都市といった感が深い。

ルイ・カーンは、自動車道路とは「河の流れのようなものである」といい、また水道橋にヒントをえて、ビア・ダクトだと呼んでいる。彼のフィラデルフィアの再開発計画案では、河の流れとしての自動車は、再開発地域の周辺にある高層の車の港に吸収される。ちょうど人間が玄関で下駄を脱ぐように、ひとびとはこの港で車を乗りすてて歩くのである。

「自由な空間」を、歩く人と建築空間と緑と太陽にとって本当に自由にするために、車のはいらない閉鎖空間をつくること、これがルイ・カーンの都市空間の考え方である。これは、いいかえれば中世的な広場の現代空間への適用といってもよい。彼が車から解放した閉鎖的空間に、スペースフレームによる高層の市庁舎を配置するとき、それはまさに中世の広場にそびえる塔をおもい起こさせるのである。

都市中心部に自動車を乗り入れない方法は、たしかに現在の「都市の危機」を救う方法であるかもしれないが、将来の「都市の危機」を救う方法だとは考えることはできない。自動車があくまで個人的な判断を許す交通手段であり、またその機能が、ドアー・ツウ・ドアーである以上、組織化されていく都市の中では、それぞれの建築と直接結ばれる交通流を、より必要とする。建築にとっての自由な空間（人間にとっての自由な空間）が、自動車に乗った人間にとっても自由な空間でなければならない。これを原則とするとき、はじめて高層建築と自動車とのつながりを処理する新しい提案が生まれてくるのである。

高層建築は、コルビュジエのいうように、地上交通に比べてはるかに高速度・高能率の垂直交通（エレベーター）をもっており、地表に低層で密集する建築形態よりは、その交通流の処理能力は高いことは確かである。しかし、ここでもっとも問題となるのは、

(1) 高層建築内の高速の垂直交通と地表の水平交通流との「乗りかえ」処理
(2) 下駄のように建築の足もとで脱ぎすてられる自動車の空間的処理
(3) 人間にとっての自由な空間

である。

現在の高層建築は、自動車または都市内の大量輸送交通によってアプローチする交通流を、連続的に処理する能力をもたない。とくに自動車でアプローチする人間は、まず駐車場を探し求めるのに時間をかけ、そののち目的の建築にアプローチするわけで、Aの建築にゆくために、Bのまえに車をとめて、Aにアプローチするという混乱は至るところでみられる。

都市交通の「二進法システム」、その一種類として「サイクル・トランスポーテーション」は、建築と都市交通流を結ぶための、結合しやすい都市交通のシステムだといえよう。

高層建築には、それに見合うだけのパーキング・スペースをとることは、アメリカで常識的なひとつの方法となっていた。その結果は、地表を覆う自動車の群の中に点在する高層建築の姿であった。この事実は、つぎのような試算をしてみてもわかることである。

今、容積率四〇〇％(丸の内地域が現在二五〇〜四七〇％)、従業員四人に一人が自動車で通勤という条件を考えてみると、敷地全体が自動車で覆われることになるし、さらに高層化され八〇〇％の容積率になったとすると、敷地全体が二層にわたって自動車で覆われてしまう。つまり、高層建築の足もとに、ただスペースとして駐車場をとる方法では、高層化される都市空間の創造にはならないのである。現在、東京で容積率四〇〇〜六〇〇％がマキシマムであるといわれている。これは、建築の容積率がその建築へ流入する交通流と比例する以上、その処理能力の点で限界がでてくるのは当然である。

これは建築のひとつひとつが、地表でしか交通流と接しないことを前提としていることから出てくる結論であって、もし、交通流の接点が多くなれば、当然、全体としての交通流処理（事務室単位床面積当たりの交通流処理）の能力は高まる。現在の高層化の理由に、高価な地価に対する効率がいちばん強いと思われるが、将来は地表単位面積当たりの交通流処理能力（情報処理効率）の方が重視される時代がくるといってよいだろう。

わたくしの提案するHelix構造による高層建築や高層人工地盤は、地表面と同時に側面に横へ伸びていく結合点をもっており、A建築からB建築への交通流は、いったん地表の交通流となることなしに処理できる。つまり、水平の交通流を地表面のみで考えるのではなく、たとえば地上二〇メートル、四〇メートル、八〇メートルというレベルにも水平の交通流を導入してやろうということである。

また、垂直の交通と水平の交通の結ばれ方に、Helix的な流れの秩序（らせん的な交通の流れ）を導入することが有効だと考えている。このことは、いいかえれば増殖能力や浸食能力が高く、増築が容易な建築の形態の創造の問題であり、単体として閉じた形態から、増殖し、伸びてゆく「開かれた形態」の創造につながる問題なのだ。側面方向にも増殖能力をもつ建築のみが、高層建築・超高層建築となりうる可能性をもつのであり、いわゆる単体のスカイ・スクレーパーは都市機能上危険なしろもので、きびしい容積率制限をする必要があるというのがわたくしの意見である。

ライトのマイル・ハイ・タワーも、都市空間の機能からはリアリティをもっていない。フランスの「動く建築研究グループ」（GEAM）のヨナ・フリードマンが提案する、スペース・フレームによる高層の空間都市、丹下研究室の東京計画一九六〇におけるジャングルジムのような高層オフィスビル計画も、空間への増殖性という点で、積極的な提案なのだ。ただし、柱を建ててそれに建築を渡すというジョイントのシステムでは、容積率はたかだか二〇〇%までであり、密度の薄い大空間になるおそれがある。Helix 構造による高層人工土地（高層建築）の場合は、これに対してつぎのような解決法が考えられている。

(1) 同一底面積で同じ高さの場合でも、Helix 構造の次元を高めることによって容積率を増すことができる。つまり、2-Helix 構造と 4-Helix 構造では二倍の容積率になる。

(2) Helix の次元が高いほど、情報処理能力は高まり、つねに単位面積当たりの交通流処理が等しいこと。2-Helix 構造と 4-Helix 構造を比較すると、前者は上下二ヵ所の交通流処理点を地上にもち、また、空中にそれぞれ二個の増殖点をもつのに対し、後者はその倍の処理能力と増殖点をもつ。

(3) 高層の建築自体が凹面で構成され、増殖点はつねに接点としてでてくるので、横へ増殖した場合、メクラの空間ができない。

さてつぎの問題は、自動車の導入された現代の都市空間における「自由な空間」（人間の空間）は、どうあるべきだろうという点である。これについては、わたくしの提案した井戸側式高層建築（近代建築一九六〇年一一月号に発表）を例にとってみる。この「井戸側式高層建築」は、つぎの提案をふくんでいる。

(1) 自動車交通の空間に対して、積極的に外壁を壁として扱い、内側に中庭をとる。つまり内に開いた建築で、採光と新鮮な空気は内からはいってくるのである。閉じていて外からのスピードとエネルギーをコントロールし、人間を保護する中庭が「自由な空間」として保たれ、それがつぎつぎと隣へつながり、都市空間へ広がっていくのである。

(2) 増殖性は、外壁に沿ってある垂直のシャフトによって高められており、そのためにも、外壁は接して連結可能な壁となっている。井戸側の外壁は、都市空間にとって「サイン」であるようにいろどられ、井戸側の内部は、都市に分散して内包される都市生活の「シンボル」として計画される。

(3) このシステムは、低層から高層までに適用することができる。つまり、低層のパティオ・タイプの住宅計画から、高層の井戸側式建築までを考えることができるが、この場合、中央部の中空の空間の性格やスケールは当然異なる。

たとえば、セルトのパティオ都市の計画にみられるようなパティオ住宅の中央部は、プライベイトな中庭として外部から隔離された空間であり、高層オフィスに用いられる中央の中空部は、ビジネス・エリアのレクリエーション・スペース（これを以前わたくしは都市のあそびスペースと呼んだのであるが）であり、そこは通勤という特定の生活サイクルの中ででてくる短時間の休養・ショッピング・気ばらし・食事・軽いスポーツといった機能を果たすべき空間である。

このスペースは、ある部分で隣のレクリエーション・スペースとも連続していく可能性もあり、空間的にはなかば閉鎖的ではあっても、機能的には開放系である必要がある。機能化され、組織化され、高層化される都市空間内では、人間のスペース・自由な空間・自然のスペースは、人工的に保護される必要がある。歩道は、この保護された人間のスペースをつないでつくられる。これがわたくしのいう、都市と建築をつなぐコネクター・スペース（結合の空間＝結合の建築）である。

(4)　コネクター・スペースは、都市と建築をつなぐメカニズムをもっていなければ、現代の都市の中では成立しない。つまり、情報が中継され、連繫され、増幅され、変調され、切断されるメカニズムを必要とする。

エネルギーについていうならば、都市の幹線からおのおのの地域またはおのおのの建築へ結ばれる場合、その圧力・電圧・電流・温度などは変調され、中継される。自動車のスピードも、ハイウェイの一二〇キロメートルから八〇キロメートルに、または三〇キロメートルにとコントロールされ、人間の歩くスピードに引きつがれる。

中空の井戸側内部を「人間のスペース」と考えるのに対して、井戸側の外部を「設備のスペース」と考えると、この建築がいくつも連結してつくられたときに外壁と外壁にはさまれてできるスペースが、このコネクターのメカニズムをもつ。たとえば、幹線からの引き込み、コントロール、自動車の駐車場は、この外壁と外壁にはさまれた空間で処理され、同じゾーンにある垂直シャフトにうけ継がれる。

以上、わたくしが Helix 構造による高層人工土地や、井戸側式高層建築の提案を通して考えてきたことは、自動車そのものを否定する消極的な方法ではなしに、自動車を積極的に都市変革のモーメントとして導入し、「新しい高層の都市空間」をつくることであり、コルビュジエの田園都市的な自然の中に孤立して輝く高層建築のイメージを、否定することであった。

自由な空間、息する空間は、現代社会の騒音と、混乱と、ダイナミックなスピードの中で、われわれ自身がつくり、保護し育てていくものだ。

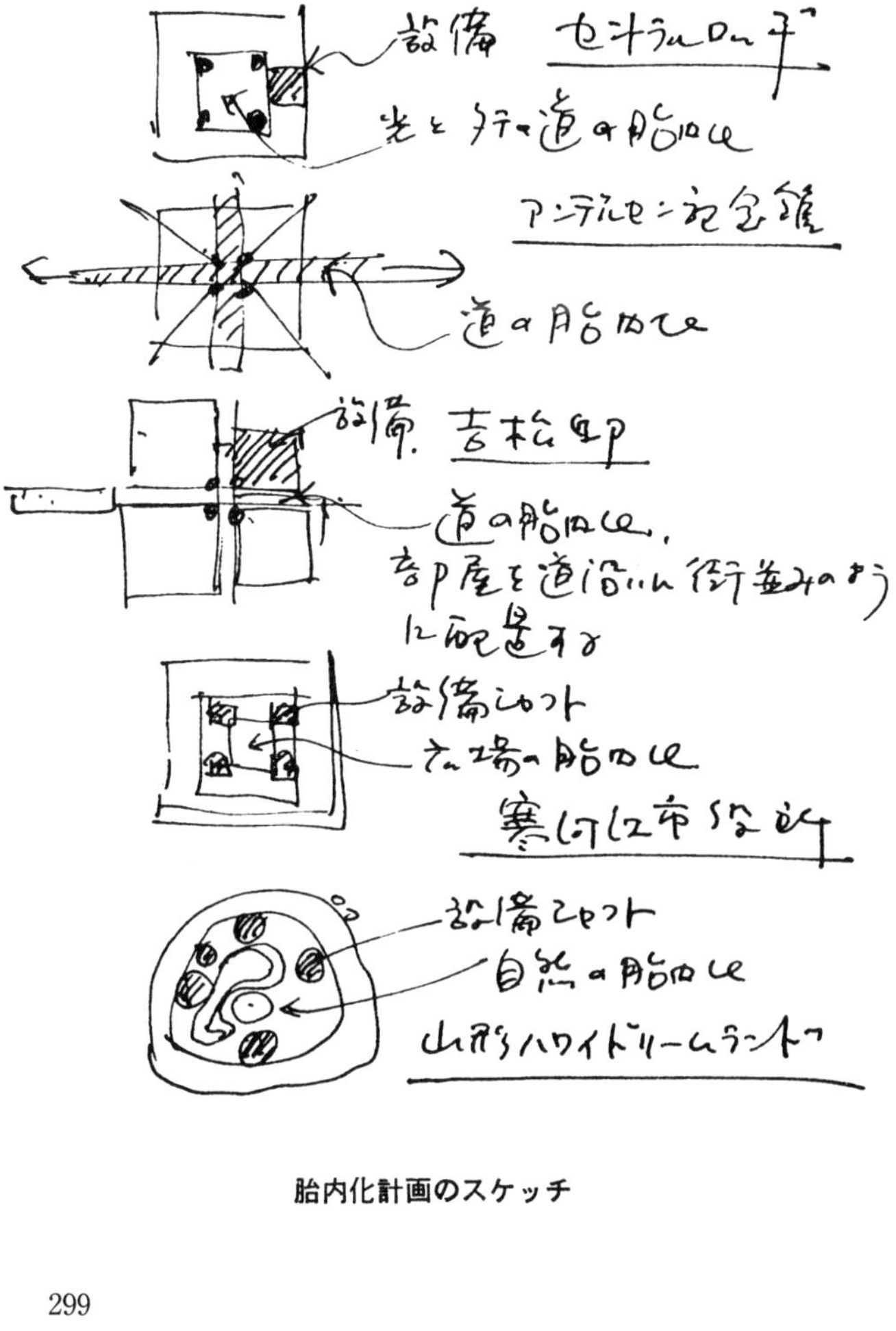
設備 セントラルロッジ
アンデルセン記念館
道の胎内化
設備
道の胎内化。
部屋を道沿いに街並みのように配置する
設備シャフト
広場の胎内化
寒河江市役所
設備シャフト
自然の胎内化
山形ハワイドリームランド

胎内化計画のスケッチ

あとがき

この小論は、最近七年間に新聞、雑誌等に書いた論文を中心に手を入れ、書き足してまとめたものである。私にとっては、本を書いたり、講演をしたり、研究するという、どちらかといえばイメージの世界の体験と、本番の建築や都市の設計という実践の体験、そしてまた日常生活の行動体験とがきわめて領域のはっきりしない同一価値の世界なのである。いいかえると、これらの全活動のプロセスを同時に体験して、はじめて生きているという実感を得ているといってよい。

思想の段階、設計の段階、そして施工・完成を経て、その建築が社会に反応を起こし、時間とともに行動していく全過程。この全過程にかかわり合う建築家の思想的・日常的実践の行動の全過程。そのすべての行動がまぎれもなく創造行為であり、作品の評価の対象だという意味から名づけたのが行動建築論という標題である。また行動建築（アクション・アーキテクチャー）という言葉は、この七年間を通じて追求しているメタボリズム（新陳代謝する建築や都市の空間）の方法論を一つの側面から表現したつもりでもある。

このような立場で書いたこの本は、まさに私自身のための自己検証の手だてでもあり、未知との出会い、そして対話への足がかりでもある。もちろん恩師丹下健三先生をはじめ、メタボリズムグループの先輩から受けた数々の教えがなければ、この小論がまとまるはずはなかったであろう。

昭和四二年四月八日　三三歳の誕生日に　　著者

論文掲載誌と原題名

動く建築の設計　朝日新聞　1962年10月

これからのすまい　サンケイ新聞　1964年10月

量産設計方法論メモ　建築　1962年9月

道の建築　建築文化　1963年1月

街路空間の構成　国際建築　1965年11月

メタボリズムの方法論　近代建築　1960年11月

メタボリズムの方法論　建築　1963年11月

メタボリックスペースの概念　近代建築　1962年4月

行動建築論　建築文化　1964年9月

かたちの論理　ガラスと建築　1965年10月

現代と建築的現代の把握　建築文化　1963年6月

マスター・システムを確立せよ　建設者　1963年3号

新しい建築と都市計画の動き　カラム　1962年4号

現代建築の課題　建築文化　1967年1月

都市設計論　科学朝日　1965年12月, 1966年1月

アーバンデザインの技術　近代建築　1961年1, 2, 3月

写真・図版クレジット

大橋富夫　109, 110, 162

彰国社写真部　144, 161, 244

新建築社写真部　143

鳥畑英太郎　261

本郷秀樹　75

村井修　21, 22, 57

渡辺義雄　39, 40

その他特記のないものはすべて、黒川紀章建築都市設計事務所提供

著者略歴

黒川紀章（くろかわ きしょう）

1934年4月8日、愛知県名古屋市生まれ。京都大学建築学科（1957）を経て、東京大学大学院博士課程単位取得（1964）。建築家、文化功労者、日本芸術院会員、日本景観学会会長、英国王立建築家協会名誉会員、米国建築家協会名誉会員、ドイツ建築家協会名誉会員など。

主な叙勲に、勲一等マダラ騎士勲章（ブルガリア政府、1979）、獅子勲章コマンドール（フィンランド政府、1985）、ソフィア大学名誉博士（ブルーリボン賞付・ブルガリア、1988）、フランス芸術文化勲章 シェバリエ（フランス政府、1989）、都民文化栄誉賞（1999）、フランス芸術文化勲章 オフィシエ（フランス政府、2003）、ワールポール賞（イギリス、2005）、鄭州商都フレンドシップ賞（中国、2005）、文化功労者（2006）など。

主な作品に、寒河江市庁舎（1967）、中銀カプセルタワービル（1972）、福岡銀行本店（1975）、国立民族学博物館（1977）、広島市現代美術館（1988）、パシフィックタワー（フランス、1992）、奈良市写真美術館（1992）、和歌山県立近代美術館・博物館（1994）、クアラルンプール新国際空港（マレーシア、1998）、ヴァン・ゴッホ美術館新館（オランダ、1998）、大阪府警察本部（1998）、大阪府立国際会議場（2000）、大分スタジアム（2001）、豊田スタジアム（2001）、カザフスタン新首都アスタナ計画（カザフスタン、2001）、日本看護協会原宿会館（2004）、中国鄭州新都市鄭東新区都市計画（中国、2004）、国立新美術館（2006）、フュージョノポリス@ワンノース（シンガポール、2008）など、国内外多数のプロジェクトを手掛けた。また、マギーズセンター（イギリス）、サンクトペテルブルク・サッカースタジアム（ロシア）なども現在建設中である。

シカゴ美術館（アメリカ）は1994年、黒川の建築界における功績を称えて展示室を「Kisho Kurokawa Gallery of Architecture」と命名。1997年、DOCOMOMO International によってICOMOSに提出されたUNESCO20世紀世界遺産・重要現代建築の候補リストに「中銀カプセルタワービル」（1972）がノミネート。また、2003年「寒河江市庁舎」（1967）がDOCOMOMO Japanが選ぶ1970年までの日本の近代建築100選に選出。

主な著書に、『都市デザイン』『建築論Ⅰ・Ⅱ』『新遊牧騎馬民族　ノマドの時代－情報化社会のライフスタイル』『共生の思想』『ホモ・モーベンス』『花数寄』『建築の詩』『黒川紀章ノート』『黒川紀章－都市デザインの思想と手法』『新・共生の思想』『都市革命』など。

2007年10月12日没。

『行動建築論　メタボリズムの美学』は
1967年６月10日に第１版第１刷が発行されました。
本書は、第１版第13刷（1979年８月20日）をもとに、
著作のオリジナル性を尊重し、復刻しております。

復刻版　行動建築論　メタボリズムの美学

2011年９月10日　第１版 発　行
2022年10月10日　第１版 第２刷

著作権者との協定により検印省略

著　者　黒　川　紀　章

発行者　下　出　雅　徳
発行所　株式会社　彰　国　社
162-0067　東京都新宿区富久町8-21
電　話　03-3359-3231（大代表）
振替口座　00160-2-173401

自然科学書協会会員
工学書協会会員

Printed in Japan

印刷：康印刷　製本：誠幸堂

ISBN 978-4-395-01238-1 C 3052 https://www.shokokusha.co.jp